Intensiv erweiterte Reproduktion und Sozialismus

Akademie-Verlag · Berlin

In den Forschungsberichten des Zentralinstituts für Wirtschaftswissenschaften werden die jeweils neuesten Arbeitsergebnisse zu aktuellen Problemen der politischen Ökonomie des Sozialismus sowie zur Auseinandersetzung mit der heutigen bürgerlichen Ökonomie veröffentlicht. Die Forschungsberichte sollen nicht nur über neue Forschungen informieren; sie sollen vor allem zur Diskussion über die zielgerichtete Fortführung der Arbeiten anregen.

Der Herausgeber

Intensiv erweiterte Reproduktion
und Sozialismus

Forschungsberichte

herausgegeben von dem
Zentralinstitut für Wirtschaftswissenschaften
der Akademie der Wissenschaften der DDR
Direktor Prof. Dr. habil. Wolfgang Heinrichs

Nr. 16

AUTORENKOLLEKTIV

Intensiv erweiterte Reproduktion und Sozialismus

Konferenz des Zentralinstituts für Wirtschaftswissenschaften der Akademie der Wissenschaften der DDR anläßlich seines 20jährigen Bestehens und des 25. Jahrestages der Gründung der DDR

AKADEMIE - VERLAG - BERLIN 1975

Autoren sind:

Prof. Dr. Istvan Friss, Budapest
Prof. Dr. habil. Wolfgang Heinrichs, Berlin
Dr. Gerd Knobloch, Berlin
Prof. Dr. sc. Harry Maier, Berlin
Dr. habil. Wolfgang Marschall, Berlin
Tran Phuong, Hanoi
Prof. Dr. habil. Gerhard Richter, Berlin
Dr. Hans Schilar, Berlin
Dr. Peter Sydow, Berlin
Prof. Dr. Kurt Walter, Dresden

Erschienen im Akademie-Verlag, 108 Berlin, Leipziger Str. 3—4

Lizenznummer: 202 - 100/41/75
Gesamtherstellung: VEB Druckerei „Thomas Müntzer",
582 Bad Langensalza
Bestellnummer: 752 817 9 (2163/16) - LSV 0325
Printed in GDR
EVP 9,—

INHALTSVERZEICHNIS

Harry Maier

PROBLEME DER INTENSIV ERWEITERTEN REPRODUKTION BEI DER SCHAFFUNG DER ENTWICKELTEN SOZIALISTISCHEN GESELLSCHAFT

Geführt von der Arbeiterklasse und ihrer Partei ringen die Werktätigen in allen Bereichen unserer Volkswirtschaft um ein hohes Tempo der Entwicklung der gesellschaftlichen Arbeitsproduktivität auf dem Wege der Intensivierung des volkswirtschaftlichen Reproduktionsprozesses.

Schrittweise wird die Intensivierung bei der Verwirklichung der vom VIII. Parteitag der SED gestellten Hauptaufgabe zur dominierenden Form der Reproduktion, zum Hauptweg unseres ökonomischen Fortschritts. Sie steht daher völlig zu Recht im Mittelpunkt des sozialistischen Wettbewerbes zu Ehren des 25. Jahrestages der Gründung unserer Republik und bestimmt im wachsenden Maße das ökonomische Denken und Handeln der Arbeiterklasse und der anderen Werktätigen.

Die Lebenskraft der vom VIII. Parteitag beschlossenen Wirtschaftspolitik offenbart sich in dem erreichten höheren Niveau der Befriedigung der materiellen und kulturellen Bedürfnisse der Werktätigen ebenso wie in dem Leistungsanstieg, der sich besonders eindrucksvoll in der Erfüllung und Übererfüllung der Pläne 1972 und 1973 sowie in den vorliegenden Ergebnissen für das Jahr 1974 zeigt.

Heute sind gute Voraussetzungen gegeben, um die vom VIII. Parteitag für den Fünfjahrplan 1971 - 1975 gestellten Ziele und Aufgaben zu erfüllen und sie sogar in wesentlichen Positionen überzuerfüllen.

Gerade in unseren Tagen, in denen sich die Krise des kapitalistischen Systems verschärft, die zur drastischen Senkung der Wachstumsraten, zur Stagnation und zum Produktionsrückgang führt, die verbunden sind mit Inflation und Preissteigerungen, mit wachsender sozialer Unsicherheit und Arbeitslosigkeit für die Werktätigen, manifestieren die ökonomischen Erfolge der sozialistischen Länder besonders eindrucksvoll die historische Überlegenheit unserer Gesellschaft. Darin zeigt sich die Tatsache, daß nur der Sozialismus die moderne Produktivkraft in einer den Bedürfnissen der Werktätigen entsprechenden Weise entwickeln kann.

Unsere Erfahrungen bei der Durchführung der Beschlüsse des VIII. Parteitages zeigen, daß der weitere Leistungsanstieg unserer Wirtschaft gegenwärtig unmittelbar damit verknüpft ist, wie es uns gelingt, die mit dem Übergang zur vorwiegend intensiv erweiterten Reproduktion verbundenen neuen Probleme zu lösen. Deshalb geht unsere Partei davon aus, wie Genosse E. Honecker auf dem 9. Plenum des ZK formulierte, daß "in der Gegenwart und in der absehbaren Zukunft sich alle Ansprüche an eine höhere Leitungsqualität im Grunde in einer Frage kreuzen: Wie werden die Prozesse der intensiv erweiterten Reproduktion immer besser beherrscht"?[1]

Die umfassende Intensivierung der volkswirtschaftlichen Reproduktion wirft eine Reihe neuer, komplizierter Fragen für Theorie und Praxis auf, die ein gründliches Umdenken erfordern. Die Intensivierung ist keine neue Formulierung der alten Praxis, sondern sie selbst stellt ihrem Wesen nach, wie Genosse Breshnew bemerkte, eine "Wende in der Wirtschaftspolitik"[2] entsprechend dem erreichten Niveau unserer ökonomischen Entwicklung dar. Die Praxis des sozialistisch-kommunistischen Aufbaus in der Sowjetunion und den anderen sozialistischen Ländern zeigt, daß die Intensivierung nicht auf einzelne Bereiche oder gar Elemente des volkswirtschaftlichen Reproduktionsprozesses eingegrenzt werden kann, sondern vielmehr einen grundlegenden Prozeß der Schaffung der Wirtschaft der entwickelten sozialistischen Gesellschaft darstellt. Die grundlegenden Faktoren und Kriterien der intensiv erweiterten Reproduktion stellen unter unseren gegenwärtigen Bedingungen gleichzeitig entscheidende Charakterzüge der Wirtschaft der entwickelten sozialistischen Gesellschaft dar. Hier zeigt sich die Richtigkeit der Erkenntnis der Klassiker, daß die erweiterte Reproduktion der Volkswirtschaft sowohl die Entwicklung der Produktivkräfte wie auch der Produktionsverhältnisse umfaßt, daß die Entwicklung der objektiven und subjektiven Elemente des Reproduktionsprozesses in ihrem sozialökonomischen Inhalt durch die Produktionsverhältnisse bestimmt wird. Das unter den gegebenen jeweiligen historischen Bedingungen mögliche und notwendige Verhältnis von extensiv und intensiv erweiterter Reproduktion ist somit objektiv bestimmt durch den erreichten Stand der Produktivkräfte und Produktionsverhältnisse der sozialistischen Gesellschaft, den erreichten Grad der Vergesellschaftung der Produktion und Arbeit. So bestimmten während der Übergangsperiode vom Kapitalismus zum Sozialismus - natürlich in den einzelnen Ländern entsprechend dem erreichten Entwicklungsniveau in unterschiedlichem Maße - die extensiven Faktoren der erweiterten Reproduktion entscheidend das Tempo des ökonomischen Wachstums und der Effektivitätsentwicklung der sozialistischen Wirtschaft.

Der Sozialismus eroberte in dieser Zeitperiode den Raum für die Entwicklung der sozialistischen Wirtschaft; die Ausweitung des Produktionsfeldes war entscheidend für die Überwindung vorhandener Disproportionen und für die Schaffung der materiell-technischen Basis des Sozialismus. Obwohl in dieser Zeit der vorwiegend extensive Typ der erweiterten Reproduktion vorherrschte, spielten die intensiven Faktoren, wie der wissenschaftlich-technische Fortschritt, die Entwicklung des Bildungsniveaus der Werktätigen, das Niveau der Leitung und Planung, eine wichtige und im Zuge des Aufbaus der sozialistischen Gesellschaft wachsende Rolle.

Deshalb entbehren alle Versuche, die von revisionistischer und bourgeoiser Seite unternommen werden, um die Phase der vorwiegend intensiv erweiterten Reproduktion als nicht notwendig und uneffektiv hinzustellen, jeder realer Grundlage.

Seit Beginn der sechziger Jahre bildete sich in einer wachsenden Zahl der sozialistischen Länder die Möglichkeit und Notwendigkeit heraus, zur vorwiegend intensiv erweiterten Reproduktion überzugehen. Dies ergab sich sowohl aus dem erreichten Entwicklungsniveau der sozialistischen Wirtschaft als auch aus den Anforderungen, die aus der beginnenden wissenschaftlich-technischen Revolution für die sozialistische Gesellschaft entsprangen. In der DDR wirkten eine Reihe spezifischer Momente, die es erforderten, die intensiv erweiterte Reproduktion zur vorherrschenden Form der ökonomischen Entwicklung zu machen. Solche spezifischen Momente resultierten aus dem erreichten wissenschaftlich-technischen Niveau der Produktion und den sich hieraus ergebenden Anforderungen an die Beschleunigung des wissenschaftlich-technischen Fortschritts, der vorhandenen Ressourcenbegrenzung, dem gestiegenen Vergesellschaftungsgrad der Produktion und der Arbeit, den sich hieraus sowie aus den Erfordernissen der Bedürfnisbefriedigung ergebenden Anforderungen an die Entwicklung der nichtmateriellen Bereiche und materiellen Dienste.

Wesentliche Anstrengungen zur Intensivierung erfolgten daher in der DDR seit Beginn der sechziger Jahre durch Steigerung der Ausstattung der Arbeitskräfte mit modernen Grundfonds, so zum Beispiel im Bauwesen und in der Landwirtschaft.

Besonders in der zweiten Hälfte der sechziger Jahre wurden große Anstrengungen unternommen zur Entwicklung des Forschungspotentials, der Erhöhung des Qualifikationsniveaus sowie zur Entwicklung einer effektiven Struktur der Volkswirtschaft.

Allein von 1960 bis 1971 wurden mehr als 2, 2 Millionen Jugendliche und Werktätige zu Facharbeitern ausgebildet. In demselben Zeitraum verließen über 600 000 Hoch- und Fachschulabsolventen unsere höchsten Bildungseinrichtungen.

Ebenso sind in den sechziger Jahren wichtige Voraussetzungen für die Schaffung des für die Intensivierung erforderlichen Forschungspotentials geschaffen worden. So haben sich in der Zeit von 1966 bis 1970 die Ausgaben für Wissenschaft und Technik mehr als verdoppelt. Gegenwärtig arbeitet jeder 11. Hoch- und Fachschulkader der DDR in Forschung und Entwicklung.

Wie der VIII. Parteitag feststellte, wurde die Wirksamkeit des geschaffenen qualitativen Potentials geschmälert durch Störungen in der planmäßig proportionalen Entwicklung, durch auftretende Spannungen zwischen Richtung und Tempo der Strukturveränderungen auf der einen Seite und der realen Akkumulationskraft unserer Volkswirtschaft auf der anderen Seite, durch Disproportionen zwischen der Rohstoff- und Energiebasis und der Entwicklung der Industrieproduktion, der Zulieferproduktion und Finalproduktion.

Besonders der Zusammenhang zwischen der realen Intensivierung des gesamten Reproduktionsprozesses und der notwendigen extensiven Erweiterung auf Teilgebieten wurde nicht genügend beherrscht, was sich vor allem in der Verschärfung des Widerspruchs zwischen den existierenden Arbeitsplätzen und den vorhandenen Arbeitskräften zeigte.

Der VIII. Parteitag hat, ausgehend von den gemachten Erfahrungen der umfassenden Intensivierung der volkswirtschaftlichen Reproduktion in unserer Wirtschaftspolitik, jenes Gewicht gegeben, das ihr angesichts des erreichten Entwicklungsstandes unserer Wirtschaft und der vor uns stehenden Aufgaben bei der Schaffung der entwickelten sozialistischen Gesellschaft zukommt. Der Parteitag hat damit der allgemeinen Gesetzmäßigkeit entsprochen, daß mit der Festigung und Entfaltung der sozialistischen Produktionsverhältnisse und mit der Entwicklung der ihr gemäßen materiell-technischen Basis sich das Gewicht der intensiv erweiterten Reproduktion ständig erhöht, bis sie in der entwickelten sozialistischen Gesellschaft und bei der Schaffung der materiell-technischen Basis des Kommunismus zur vorherrschenden Reproduktionsform wird.

Der Prozeß der Intensivierung verlangt, sowohl die durch die Entwicklung der sozialistischen Produktionsverhältnisse und wissenschaftlich-technischen Revolution entstandenen neuen Möglichkeiten voll zur Wirkung zu bringen als auch das von der sozialistischen Gesellschaft bereits erreichte Bildungs- und Qualifikationsniveau der Werktätigen, die vorhandenen Produktionsfonds und andere gesellschaftliche Fonds, wie wissenschaftlich-technische Ergebnisse, umfassend zu nutzen. Er erfordert somit, sowohl das vorhandene ökonomische Potential immer besser zu nutzen als auch ständig die produktiven Potenzen der sozialistischen Gesellschaft zu erhöhen. Die Intensivierung ist daher stets die Einheit von intensiver einfacher und erweiterter Reproduktion.

Charakteristisch für den Übergang zur vorwiegend intensiv erweiterten Reproduktion ist es, daß die qualitativen Wachstumsfaktoren immer ausschlaggebender für die Entwicklung der gesellschaftlichen Arbeitsproduktivität sowie für die Effektivität der gesellschaftlichen Gesamtarbeit werden.

Hierbei treten vor allem folgende vier Intensivierungsfaktoren in den Vordergrund:

1. die qualitative Höherentwicklung der produktiven Potenzen der sozialistischen Werktätigen, die vor allem mit dem wachsenden Grad der Befrie-

digung ihrer materiellen und kulturellen Bedürfnisse, der Erhöhung und besseren Nutzung ihres Bildungs- und Qualifikationsniveaus sowie der Entfaltung ihrer Initiative und ihres Schöpfertums verbunden ist;

2. die Beschleunigung des wissenschaftlich-technischen Fortschritts;

3. das Tempo und Ausmaß der ökonomischen Integration im Rahmen der sozialistischen Staatengemeinschaft;

4. die Vervollkommnung der Leitung, Planung, Organisation und ökonomischen Stimulierung auf allen Ebenen der Volkswirtschaft, vor allem durch wirkungsvolle Verbindung von zentraler Planung mit der wirtschaftlichen Rechnungsführung, der Verbesserung der Wirtschaftsorganisation durch die Erhöhung der Konzentration der Produktion und Vertiefung ihrer Arbeitsteilung, die Verbesserung der normativen Basis der Planung, die Erweiterung ihres Zeithorizonts und ihrer Komplexität.

Allzuoft erweisen sich uneffektive, extensive Tendenzen, die sich im Streben nach zusätzlichen Arbeitskräften, nach Mehrinvestitionen und Baukapazitäten, in der Geringschätzung von Qualität und Kostenentwicklung der Produktion und der Mißachtung der Erfordernisse der planmäßigen proportionalen Entwicklung äußern, als das Ergebnis ungenügender Entwicklung und Wirksamkeit dieser Intensivierungsfaktoren. Die effektivitätssteigernde Potenz dieser qualitativen Faktoren realisiert sich nur in enger Wechselwirkung untereinander sowie mit den übrigen aktiven Elementen des Reproduktionsprozesses.

Der gesetzmäßige Zusammenhang von Intensivierung und entwickelter sozialistischer Gesellschaft zeigt sich vor allem daran, daß unter unseren sozialökonomischen Bedingungen die Faktoren, Kriterien und Prozesse der intensiv erweiterten Reproduktion zu wichtigen Charakterzügen der Wirtschaft der entwickelten sozialistischen Gesellschaft werden. Dies wird vor allem in folgendem sichtbar:

1. Die entwickelte sozialistische Gesellschaft kann nur auf der Basis eines hohen Niveaus der gesellschaftlichen Arbeitsproduktivität und der Effektivität der gesellschaftlichen Arbeit außerhalb der materiellen Produktion gestaltet werden. Die Intensivierung mobilisiert alle jene Elemente des Reproduktionsprozesses, die sowohl auf die bedarfs- und qualitätsgerechte Pro-

duktion als auch auf die Senkung des gesellschaftlichen Gesamtarbeitsaufwandes pro Einheit dieser Produktion einwirken. Sie erfordert sowohl die Verbesserung des Nutzeffekts der lebendigen Arbeit als auch die Erhöhung des Wirkungsgrades der eingesetzten Fonds sowie die Ausnutzung des eingesetzten Material- und Energieaufwandes bei gleichbleibender Erhöhung ihrer Effektivität.

2. Die für die intensiv erweiterte Reproduktion entscheidenden Wachstumsfaktoren sind untrennbar verbunden mit einem höheren Grad der Zielrealisierung der sozialistischen Gesellschaft. Dies zeigt sich in der Verstärkung des Zusammenhangs von Bedürfnisbefriedigung und Produktionsentwicklung, in der sich verstärkenden Wechselwirkung von materiellen und nichtmateriellen Bereichen des volkswirtschaftlichen Reproduktionsprozesses, den Anforderungen, die sich aus der Reproduktion der natürlichen Umwelt auf einem den Bedürfnissen der Werktätigen entsprechenden Niveau ergeben.

3. Die Intensivierung erfordert die Vervollkommnung der volkswirtschaftlichen Grundproportionen und der Produktionsstruktur, wodurch sie zur effektiven Gestaltung des gesamten volkswirtschaftlichen Reproduktionsprozesses beiträgt.

4. Die Intensivierung ist ein wichtiges Erfordernis und Ergebnis der Entfaltung des internationalistischen Wesens der sozialistischen Produktionsverhältnisse und erfordert daher die Verwirklichung der sozialistischen ökonomischen Integration.

Für das Verständnis des sozialökonomischen Wesens der Intensivierung des volkswirtschaftlichen Reproduktionsprozesses ist das sich verstärkende Wechselverhältnis von sozialistischen Produktionsverhältnissen und Produktivkräften von entscheidender Bedeutung. Indem durch die Intensivierungsfaktoren, vor allem durch die sozialistische Anwendung der Errungenschaften der wissenschaftlich-technischen Revolution, neue Quellen für die Steigerung der gesellschaftlichen Arbeitsproduktivität erschlossen werden, verändern sich der Charakter und der Inhalt der Arbeit, verringert sich der Umfang der körperlich schweren und geistig monotonen Arbeit, wächst der schöpferische Charakter der Arbeit, drückt sich die spezifisch sozialistische Qualität der Arbeit aus, festigt sich die führende Rolle der Arbeiterklasse, des Trägers der modernen Produktivkräfte und der sozialistischen Produktionsverhältnisse.

Mit dem Übergang zur vorwiegend intensiv erweiterten Reproduktion bei der Schaffung der entwickelten sozialistischen Gesellschaft verändern sich die Wirkungsbedingungen der ökonomischen Gesetze des Sozialismus, wird ihr sozialökonomischer Inhalt bereichert. So verstärkt sich beim Wirken des ökonomischen Grundgesetzes das Wechselverhältnis von Bedürfnisbefriedigung und Leistungsentwicklung der Gesellschaft; beim Gesetz der planmäßigen, proportionalen Entwicklung gewinnen auf Grund der erreichten Maßstäbe der Produktion Fragen der Kontinuität der Produktion sowie der effektiven Gestaltung des Verhältnisses von materiellen und nichtmateriellen Sphären des Reproduktionsprozesses an Bedeutung. Das Gesetz der sozialistischen Akkumulation umfaßt unter den Bedingungen der Intensivierung die Entwicklung aller produktiven Potenzen der sozialistischen Gesellschaft und damit nicht nur die materiellen Elemente des Reproduktionsprozesses. Beim Wirken des Gesetzes der ständigen Steigerung der Arbeitsproduktivität wird die Beschleunigung des wissenschaftlich-technischen Fortschritts zur entscheidenden Komponente, es verstärkt sich der Zusammenhang mit dem Gesetz der Verteilung nach der Leistung etc. Die Gesetze der sozialistischen Warenproduktion sind unter den Bedingungen der Intensivierung dadurch charakterisiert, daß sich ihre Ausrichtung auf das ökonomische Grundgesetz und das Gesetz der planmäßigen proportionalen Entwicklung verstärkt.

Die sozialökonomische Qualität der kapitalistischen Produktionsverhältnisse und ihrer Bewegungsformen, der ökonomischen Gesetze, findet ihren qualitativen und quantitativen Ausdruck in der Entwicklung der Mehrwertrate beziehungsweise in der Profitrate.

In der kommunistischen Gesellschaftsformation ist die quantitative und qualitative Ausdrucksform der sozialistischen Produktionsverhältnisse und ihrer ökonomischen Gesetze der Grad der Befriedigung der materiellen und kulturellen Bedürfnisse mit geringstmöglichem Aufwand an gesellschaftlicher Gesamtarbeit. Vom Standpunkt der gesellschaftlichen Produktion, dem entscheidenden Bereich des volkswirtschaftlichen Reproduktionsprozesses, ist daher die Entwicklung der gesellschaftlichen Arbeitsproduktivität eine entscheidende quantitative und qualitative Ausdrucksform des Entwicklungsstandes der Produktivkräfte und des Inhalts der sozialistischen Produktionsverhältnisse. Daher wäre es völlig falsch, den politökonomischen Inhalt der Kategorie gesellschaftliche Arbeitsproduktivität mit ihrer kennziffernmäßigen Darstellung als Nutzeffekt der lebendigen Arbeit zu identifizieren.

Als politökonomische Kategorie beinhaltet die gesellschaftliche Arbeitsproduktivität sowohl die bedarfs- und qualitätsgerechte Struktur der Produktion, die Senkung des Aufwandes an gesellschaftlicher Arbeit als auch die Art und Weise, in der diese Arbeit verausgabt wurde.

Die Kennziffer Arbeitsproduktivität dagegen - alle Vervollkommnungen und Präzisierungen zur Einbeziehung des Gesamtaufwandes eingeschlossen - setzt dagegen die bedarfsgerechte Struktur und das qualitative Niveau der Produktion als gegeben voraus und mißt nur die Senkung des Aufwandes an gesellschaftlicher Arbeit. So wichtig dies auch ist, so dürfen wir nicht übersehen, daß durch die Kennziffer Arbeitsproduktivität nicht der gesamte politökonomische Reichtum der Kategorie gesellschaftliche Arbeitsproduktivität erfaßt wird. Hieraus ergeben sich wichtige Anforderungen an die Vervollkommnung der Effektivitätsrechnung, auf die ich noch zu sprechen komme.

So gesehen ist die Steigerung der Arbeitsproduktivität eine ständige Aufgabe des sozialistischen Aufbaus. Wie die Erfahrungen der sozialistischen Länder zeigen, spielt sie in allen historisch notwendigen Etappen der Entwicklung des sozialistischen Reproduktionsprozesses, also auch bei der vorwiegend extensiv erweiterten Reproduktion, eine äußerst wichtige Rolle.

Wenn wir davon sprechen, daß die Entwicklung der gesellschaftlichen Arbeitsproduktivität zum grundlegenden Kriterium der intensiv erweiterten Reproduktion wird, dann haben wir im Auge, daß unter dem gegenwärtig erreichten Entwicklungsniveau unserer Wirtschaft diese ständige Aufgabe des sozialistischen Aufbaus auf neue Weise und vor allem durch die Ausschöpfung der neuentstandenen Möglichkeiten gelöst werden muß. Die Entwicklung der gesellschaftlichen Arbeitsproduktivität - als grundlegendes Kriterium der Intensivierung - wird vor allem durch folgende neue Momente charakterisiert:

1. Für das Wachstum der gesellschaftlichen Arbeitsproduktivität mit den Intensivierungsfaktoren, vor allem dem wissenschaftlich-technischen Fortschritt, müssen neue Quellen erschlossen werden.

2. Bei der gegenwärtig realen Erhöhung der gesellschaftlichen Arbeitsproduktivität spielt die bedarfsgerechte Struktur und das qualitative Niveau der Produktion eine wesentlich größere Rolle als in einer Zeitperiode, in der auf Grund des vorhandenen Nachholebedarfs vor allem die quantitative Steigerung der Produktion im Vordergrund stehen mußte. Gerade diese Seite der Entwicklung der gesellschaftlichen Arbeitsproduktivität wird in der gegenwärtigen Effektivitätsrechnung völlig ungenügend erfaßt. Die reale Erfassung des grundlegenden Kriteriums der Intensivierung erfordert daher, den qualitativen Momenten der Entwicklung der Produktion ein wesentlich größeres Gewicht in der Effektivitätsmessung zu verschaffen.

3. Die gesellschaftliche Arbeitsproduktivität ist unmittelbar mit der Erhöhung des Vergesellschaftungsgrades der Produktion und der Arbeit verknüpft. Angesichts des erreichten Vergesellschaftungsgrades der Produktion und der Arbeit hat das Wechselverhältnis von materiellen und nichtmateriellen Bereichen eine neue Qualität erreicht. Die in den nichtmateriellen Bereichen verausgabte unproduktive Arbeit potenziert die in der materiellen Produktion verausgabte gesellschaftliche Arbeit, bestimmt in einem entscheidenden Umfang das Niveau der gesellschaftlichen Arbeitsproduktivität, während andererseits die Produktivität der in der materiellen Produktion verausgabten Arbeit Umfang und Richtung der Entwicklung der nichtmateriellen Bereiche determiniert.

Aufwand und Ergebnisse der Produktion sind bei dem erreichten Vergesellschaftungsgrad der Produktion durch ein feinmaschiges Netz von sozialen Wechselbeziehungen mit der Entwicklung aller Bereiche des gesellschaftlichen Lebens und der sozialistischen Lebensweise der Werktätigen verknüpft.

Ein theoretischer Reflex der neuen Probleme der Steigerung der gesellschaftlichen Arbeitsproduktivität, mit denen wir beim erreichten Vergesellschaftungsgrad der Produktion und der Arbeit konfrontiert sind, ist die Diskussion um das Verhältnis von ökonomischer und sozialer Effektivität. Ohne

Zweifel gewinnen bei der Durchsetzung des Gesetzes der Ökonomie der Zeit im gesellschaftlichen Reproduktionsprozeß, das den Grad der Befriedigung der materiellen und kulturellen Bedürfnisse mit geringstmöglichem Aufwand an gesellschaftlicher Gesamtarbeit ausdrückt, eine Reihe von neuen Momenten an Bedeutung, die allein mit dem Begriffsinhalt der gesellschaftlichen Arbeitsproduktivität - die den Nutzeffekt der in der materiellen Produktion verausgabten gesellschaftlichen Arbeit kennzeichnet - nicht erfaßt werden können. Solche Momente sind die Entwicklung der Arbeitsbedingungen und des Inhalts der Arbeit, die Entwicklung der sozialen Aktivität der Werktätigen, der Umfang und die Verwendung der Freizeit, das Verhältnis von individuellen und gesellschaftlichen Formen der Konsumtion, die Entwicklung der natürlichen Umwelt des Menschen, das soziale Klima in den Arbeitskollektiven und in der Gesellschaft insgesamt, Fragen der Befriedigung der ästhetischen Bedürfnisse der Menschen und ihrer ästhetischen Aktivität usw. Man darf jedoch die Komponenten der sozialen Effektivität nicht denen der ökonomischen Effektivität gegenüberstellen. Dies würde dazu führen, zu übersehen, daß die ökonomische Effektivität natürlich selbst einen entscheidenden Teil der gesellschaftlichen Effektivität darstellt und daß die außerökonomischen Komponenten der gesellschaftlichen Effektivität sowohl in ihrem Charakter als auch ihrem Umfang entscheidend durch die ökonomische Effektivität bestimmt werden. Andererseits ist es für die intensiv erweiterte Reproduktion charakteristisch, daß der Einfluß der außerökonomischen gesellschaftlichen Effektivität auf die ökonomische Effektivität stark zunimmt. Es geht also nicht darum, die ökonomischen und außerökonomischen Komponenten der gesellschaftlichen Effektivität neben-, über- oder gar gegeneinander zu stellen, sondern ihre sich verstärkende Wechselwirkung aufzudecken, wobei natürlich der Charakter sowohl der ökonomischen wie auch der außerökonomischen gesellschaftlichen Effektivität entscheidend bestimmt wird durch den Charakter der Produktionsverhältnisse und das sich hieraus ergebende Ziel des ökonomischen Handelns.

Ein wichtiges Problem der Effektivitätstheorie muß darin bestehen, Methoden zur Bestimmung der Wechselbeziehungen zwischen ökonomischer und außerökonomischer gesellschaftlicher Effektivität auszuarbeiten, um die organische Verbindung von ökonomischer und sozialer Planung zu sichern. Dies erfordert meines Erachtens, die bisher fast ausschließlich angewandten eindimensionalen Kennziffernmethoden in mehrdimensionale Aufwand-Nutzen-Analysen zu integrieren. Bei solchen Aufwand-Nutzen-Analysen gilt es vor allem, folgende ökonomische und außerökonomische Komponenten der gesellschaftlichen Effektivität zu erfassen:

- die Entwicklung des Aufwands an gesellschaftlicher Arbeit, sowohl der lebendigen als auch der vergegenständlichten Arbeit, des einmaligen und laufenden Aufwands;
- die Qualitäts- und Leistungsparameter der Produktion;
- die Berücksichtigung des Zeitfaktors vor allem im Hinblick auf Zeitpunkt und Menge der Verfügbarkeit der Erzeugnisse der Produktion;
- ihr Einfluß auf die außerökonomische gesellschaftliche Effektivität, wie die Entwicklung der Arbeitsbedingungen, die natürliche Umwelt der Werktätigen, ihre soziale und kulturelle Aktivität usw.

Eine reine Aufzählung dieser Komponenten nützt natürlich nicht viel. Das Problem und die Schwierigkeit besteht darin, daß sich diese Komponenten in der Regel gegenläufig zueinander verhalten, das heißt, man kann eine Komponente auf Kosten der anderen verbessern.

Die Bestimmung des optimalen Verhältnisses zwischen diesen einzelnen Komponenten kann im Rahmen der bisherigen Kennziffernsysteme nur schwer erfolgen, sondern verlangt eine umfassende Abwägung des gesellschaftlich Erforderlichen mit dem ökonomisch Möglichen im Rahmen der Aufwand-Nutzen-Analyse.

Eine wichtige Voraussetzung für eine solche Aufwand-Nutzen-Analyse ist allerdings auch die Vervollkommnung des vorhandenen Kennziffernsystems zur Messung der gesellschaftlichen Arbeitsproduktivität. Von besonderer Bedeutung ist hierbei die Aufdeckung der inhaltlichen Zusammenhänge zwischen solchen Kennziffern wie Arbeitsproduktivität, Fondsquote, Materialintensität, die Entwicklung des wissenschaftlich-technischen Niveaus der Produktion, der Qualität und Selbstkosten.

Die Ermittlung effektiver Normative zwischen den einzelnen Kennziffern, ihres Zusammenhangs mit der planmäßig proportionalen Entwicklung sowie zu den Intensivierungsfaktoren ist hierbei von größter Bedeutung.

Gleichzeitig muß weitere methodische Arbeit geleistet werden, um die Aussagekraft der einzelnen anzuwendenden Effektivitätskennziffern im Hinblick auf die Intensivierung zu erhöhen. So spiegelt die gegenwärtig angewandte Kennziffer der Arbeitsproduktivität, definiert als industrielle Warenproduktion je Beschäftigten, trotz ihrer Bedeutung für die Berechnung des Nutzeffekts der lebendigen Arbeit auf volkswirtschaftlicher Ebene, nur unvollkommen die Leistungsentwicklung in den Betrieben und Kombinaten wider und orientiert den Entscheidungsprozeß unzureichend in Richtung der Intensivierung.

Wie verschiedene Experimente in Betrieben und Kombinaten zeigen - an denen verschiedene Mitarbeiter unseres Instituts mitwirkten -, erweist sich die Planung und Messung der Arbeitsproduktivität auf Grundlage von Zeitgrößen als ein wichtiger Weg, um die Aussagekraft der Kennziffer Arbeitsproduktivität zu erhöhen und eine bessere Planung der Arbeitsproduktivität nach Faktoren, sowie die Aufschlüsselung der Aufgaben zur Produktivitätssteigerung pro Arbeitsplatz zu ermöglichen.

Ein vierter Charakterzug der Entwicklung der gesellschaftlichen Arbeitsproduktivität - als grundlegendes Kriterium der Intensivierung - besteht darin, daß das Problem der relativen und absoluten Freisetzung von gesellschaftlicher Arbeit ein qualitativ neues Gewicht bei der Entwicklung der Volkswirtschaft erhält. Dies gilt vor allem für die Notwendigkeit, in wichtigen Bereichen der materiellen Produktion ein höheres Tempo der Arbeitsproduktivität als der Produktionsentwicklung zu erreichen und eine absolute Freisetzung von gesellschaftlichem Arbeitsvermögen für die Lösung von Aufgaben, die vor allem mit der Strukturentwicklung zusammenhängen, zu ermöglichen.

Insgesamt ist, verglichen mit dem Tempo der Steigerung der Arbeitsproduktivität und der sich hieraus ergebenden relativen Freisetzung von Arbeitskräften, die absolute Freisetzung von gesellschaftlicher Arbeit in unserer Volkswirtschaft zu gering. So kann auf Grund der Arbeitsproduktivitätssteigerung im gegenwärtigen Fünfjahrplan mit einer relativen Freisetzung von fast 1, 3 Millionen Werktätigen in der Produktion gerechnet werden. Geht man von der auf der 9. Tagung des ZK gegebenen Orientierung bei der Ausarbeitung der Grundkonzeption der Entwicklung unserer Volkswirtschaft aus, bis zum Jahre 1990 im Vergleich zu 1970 eine annähernde Verdreifachung des Nationaleinkommens anzustreben und eine Steigerung der Arbeitsproduktivität auf das 3, 5fache zu erreichen, so würde dies die relative Freisetzung von 4, 5 Millionen Arbeitskräften in der Produktion bedeuten, das heißt, für über zwei Drittel aller in der materiellen Produktion Beschäftigten würden sich die Arbeitsbedingungen wesentlich verändern.

Das unzureichende Tempo der absoluten Freisetzung von gesellschaftlicher Arbeit in unserer Volkswirtschaft behindert ohne Zweifel das Tempo der Intensivierung auf dem Wege der Beschleunigung des wissenschaftlich-technischen Fortschritts und der Vervollkommnung der Struktur und führt zu einer Verschärfung des Widerspruchs zwischen dem vorhandenen Arbeitsvermögen und den existierenden Arbeitsplätzen. Hierfür kann man sicher eine Reihe von Ursachen anführen, wie ungenügende Mobilität und Disponibilität der Arbeitskräfte und anderes. Eine der Hauptursachen liegt aber meines Erachtens auch darin, daß die reale Leistung jener Betriebe und Kombinate, die absolut gesellschaftliche Arbeit freisetzen, volkswirtschaftlich unterbewertet wird und sie in unserer Effektivitätsmessung noch nicht den ihr gebührenden Platz einnimmt.

Wenn wir somit von der gesellschaftlichen Arbeitsproduktivität als dem grundlegenden Kriterium der Intensivierung sprechen, dann meinen wir den konkreten historischen Prozeß, in welchem die Arbeiterklasse die Effektivität der von ihr verausgabten Arbeit entsprechend ihren Bedürfnissen und den Erfordernissen der Gestaltung der entwickelten sozialistischen Gesellschaft steigert. Sie steht daher im Mittelpunkt der sozialistischen Rationalisierung, die die entscheidenden Grundlinien, Aufgaben und Maßnahmen der Intensivierung umfaßt. Sie ist darauf ausgerichtet,

- die Arbeitsproduktivität in wichtigen Zweigen und Bereichen der Volkswirtschaft schneller als die Produktion zu steigern, um die höheren Pro-

duktionsaufgaben mit geringerer Arbeitskräftezahl zu bewältigen und so zusätzliche Arbeitskräfte für weitere volkswirtschaftliche Schwerpunkte festzusetzen;
- die Arbeitsbedingungen durch weitere Einschränkung der körperlich schweren und geistig monotonen Arbeit zu verbessern;
- durch effektive Nutzung der vorhandenen Grundfonds und die Sicherung eines hohen Anteils der Rationalisierungsinvestitionen die Entwicklung der Grundfondsquoten zu stabilisieren und schrittweise zu optimieren;
- durch umfassende Nutzung der Ergebnisse des wissenschaftlich-technischen Fortschritts eine weitere Senkung der Material- und Energieintensität zu erreichen;
- insgesamt ein hohes Maß an Kontinuität und Stabilität der ökonomischen Entwicklung zu sichern.

Das Problem des Wechselverhältnisses von sozialer und ökonomischer Effektivität ist gegenwärtig zu einem Modethema in der Diskussion bürgerlicher Ökonomen geworden. Hierbei sind sowohl apologetische als auch praktische Ambitionen im Spiel. Die Anhänger des "Null-Wachstums" sind bemüht, die Grenzen, auf die das Kapital bei der Entwicklung der gesellschaftlichen Produktivkräfte stößt, zu allgemeinen Grenzen der Entwicklung menschlicher Produktionskraft zu deklarieren. In ihren heftigen Debatten mit den pseudooptimistischen Verfechtern der "Industrie"-Gesellschaft spielt die Auffassung eine große Rolle, daß es möglich wäre, im Rahmen des Kapitalismus ein von der Profitmaximierung losgelöstes Kriterium der gesellschaftlichen Effektivität zur Grundlage von ökonomischen Entscheidungen zu machen.

So fordert der vormalige Präsident der Kommission der Europäischen Wirtschaftsgemeinschaft, Mansholt, den "Brutto-Sozial-Nutzen" zum Kriterium der ökonomischen Entwicklung in den kapitalistischen Ländern zu machen[3] und es mit Hilfe des kapitalistischen Staates durchzusetzen.

Ähnlich meint der bürgerliche Ökonomie-Nobelpreisträger Jan Tinbergen, daß zum zentralen Ziel der wirtschaftlichen Entwicklung das "Bruttosozialglück"[4] im Kapitalismus gemacht werden müsse.

Solche Überlegungen sind vor allem durch die ökonomischen Hochrechnungen des "Club von Rom" und das von ihm geforderte Null-Wachstum stimuliert worden.

Unterzieht man die von Mansholt, Tinbergen oder auch vom "Club von Rom" gemachten Vorschläge zur Lösung dieser Aufgabe einer näheren Prüfung, so ist es nicht schwer festzustellen, daß sie nicht nur auf der Illusion beruhen, im Rahmen des Kapitalismus mit Hilfe der staatlichen Regulierung den Widerspruch zwischen dem gesellschaftlichen Charakter der Produktivkräfte und dem privatkapitalistischen Ziel der Produktion zu überwinden, sondern daß sie gleichzeitig dazu dienen, staatsmonopolistische Maßnahmen zur Sicherung der Verwertungsbedingungen des Kapitals zu rechtfertigen.

Die handfest praktische Seite solcher Auffassungen besteht unter anderem darin, die Öffentlichkeit in den kapitalistischen Ländern auf größere Opfer zur Schaffung neuer Anlagesphären des Kapitals, sei es nun auf dem Gebiet der natürlichen Umwelt, der Dienstleistungssphäre, der Bildung und der Wissenschaft ideologisch vorzubereiten. In dieser Debatte fehlen natürlich auch nicht die rechten SPD-Theoretiker, die das Schlagwort von der Lebensqualität als neues Ziel des ökonomischen Handelns im Kapitalismus anpreisen. So schreibt Eppler: "Lebensqualität kann nicht mehr Funktion von Wirtschaftswachstum sein. Wirtschaftswachstum muß Funktion von Lebensqualität sein."[5]

Es ist daher kein Wunder, daß unter der Vielzahl von sozialen Indikatoren, die diese bürgerlichen Theoretiker für die Lebensqualität anführen, alle möglichen und durchaus wichtigen Seiten der menschlichen Existenz erfaßt werden - angefangen beim Eiweißverbrauch bis zur Quadratmeterzahl der Grünfläche pro Kopf der Bevölkerung -, aber die wirklichen sozialen Beziehungen der Menschen in der kapitalistischen Produktion, die Ausbeutung der Arbeiterklasse durch das Kapital als gegeben und unabänderlich hingenommen werden.

In der Auseinandersetzung mit solchen bürgerlichen Auffassungen ist meiner Meinung besonders wichtig nachzuweisen, daß die Effektivitätskriterien einer Gesellschaft in ihrem Wesen von den Kriterien des ökonomischen Handelns, von den jeweils herrschenden Produktionsverhältnissen bestimmt werden.

Die vorwiegend intensiv erweiterte Reproduktion ist der für die Durchführung der wissenschaftlich-technischen Revolution adäquate Typ der erweiterten Reproduktion. Es verändert sich das innere Gefüge der Produktivkräfte, wächst der unmittelbare Einfluß der Wissenschaft auf die Produktivität der gesellschaftlichen Arbeit, verstärkt sich das Gewicht der qualifizierten Arbeit im Reproduktionsprozeß. Es offenbart sich die der wissenschaftlich-technischen Revolution eigene Tendenz, daß sie, um sich voll zu entfalten, eines neuen Typs der Produktivkräfte bedarf, der auf der Allseitigkeit der Entwicklung der Produzenten beruht. Solche Produktivkräfte können sich in vollem Umfange nur unter den Bedingungen einer voll entwickelten sozialistischen Gesellschaft und bei der Schaffung der materiell-technischen Basis des Kommunismus herausbilden.

Der kausale Zusammenhang von wissenschaftlich-technischer Revolution und Intensivierung zeigt sich vor allem daran, daß mit dem Übergang zur intensiv erweiterten Reproduktion der wissenschaftlich-technische Fortschritt zum entscheidenden Faktor der Erhöhung der gesellschaftlichen Arbeitsproduktivität wird. Er bestimmt zum wesentlichen Teil auch die Wirksamkeit aller anderen Faktoren des ökonomischen Wachstums. So sollen im Jahr 1974 fast 60 Prozent der Steigerung der Arbeitsproduktivität durch Maßnahmen von Wissenschaft und Technik erbracht werden, was einer Einsparung von 100 Millionen Arbeitsstunden entspricht. Bei der Beschleunigung des wissenschaftlich-technischen Fortschritts sind wir unter den Bedingungen der Intensivierung mit folgendem Widerspruch konfrontiert:

Einmal wächst sehr schnell der Bedarf der Volkswirtschaft nach neuen wissenschaftlich-technischen Erkenntnissen, und zum anderen erhöhen sich die Anforderungen an die Auswahl der zu überführenden Forschungsergebnisse in die Produktion.

Es gibt durchaus keinen Automatismus in der Wirkung des wissenschaftlich-technischen Fortschritts als Intensivierungsfaktor. Im Gegenteil. Geschieht die Realisierung der Ergebnisse des wissenschaftlich-technischen Fortschritts ohne Beachtung der realen Möglichkeiten der Volkswirtschaft, so können hierdurch auch extensive Prozesse ausgelöst werden, das heißt, es werden modernste Arbeitsplätze geschaffen, ohne daß das Problem der Freisetzung der hierzu erforderlichen Arbeitskräfte rechtzeitig gelöst worden ist. Somit wird der Widerspruch zwischen den Arbeitsplätzen und dem vorhandenen Arbeitskräftepotential verschärft. Von besonderer Bedeutung für die Nutzung des wissenschaftlich-technischen Fortschritts als Intensivierungsfaktor sind folgende Gesichtspunkte:

1. Die planmäßige Konzentration des Forschungspotentials ist auf die gegenwärtigen und perspektivischen Aufgaben der Intensivierung der Volkswirtschaft und die Sicherung effektiver innerer planmäßig proportionaler Beziehungen zwischen den einzelnen Arten und Disziplinen der Forschung zu richten.

2. Die Realisierung von wissenschaftlich-technischen Ergebnissen muß als ein kontinuierlicher Prozeß organisiert werden, der die ständige Modernisierung der Produktion und Erhöhung der Qualität der Erzeugnisse auch im Rahmen bestehender Produktionseinheiten und Werktätigenkollektiven sichert. Dies setzt die Erhöhung des wissenschaftlich-technischen Niveaus der Erneuerungsinvestitionen und die Verbesserung der ökonomischen Stimulierung der Betriebe voraus. Hierfür ist es notwendig, besser als bisher die inhaltliche Verbindung des Planes Wissenschaft und Technik mit dem Investitionsplan zu sichern, um die Vorbereitung der Investitionen auf Grundlage von Forschungsergebnissen, die die Intensivierung der Volkswirtschaft vorantreiben, durchführen zu können.

3. Der Widerspruch zwischen den hohen gesellschaftlichen Vorleistungen, die in Forschung und Entwicklung für bestimmte Ergebnisse und Verfahren erbracht werden, und dem geringen Umfang der Produktion muß einer zielstrebigen Lösung zugeführt werden. Der geringe Umfang der Massenproduktion von Erzeugnissen auf Grundlage neuester wissenschaftlich-technischer Erzeugnisse ist ein schwerwiegendes Hemmnis für die Intensivierung. Ein wichtiger Schritt zur Lösung dieses Widerspruchs wurde im Jahr 1974 getan. So sollen mit den in die Industrieproduktion überzuleitenden neuen Erzeugnissen und Verfahren eine industrielle Warenproduktion von 5 Milliarden Mark beeinflußt werden. 1975 soll es bereits eine industrielle Warenproduktion von 8 bis 10 Milliarden Mark sein.

4. Der relativ hohe Aufwand für die Überführung von Forschungsergebnissen auf Grund des Zurückbleibens der Standardisierung und Typisierung der Produktion, vor allem der ungenügenden Erhöhung der Flexibilität und

Universalität der Anlagen durch Anwendung von auswechselbaren Bauelementen und -teilen ist zu senken.

Die effektiven Wirkungen des wissenschaftlich-technischen Fortschritts als Intensivierungsfaktor werden zunehmend von der intensiven Entwicklung des Forschungspotentials selbst bestimmt. Der Übergang zur intensiven Form der erweiterten Reproduktion des Forschungspotentials ist sowohl auf Grund der Erfordernisse der planmäßig proportionalen Entwicklung der Volkswirtschaft als auch der Beschleunigung des wissenschaftlich-technischen Fortschritts gesetzmäßig. Einmal muß sich das Forschungspotential planmäßig proportional zu seinen Realisierungsmöglichkeiten und damit zu den gesellschaftlichen Bedürfnissen entwickeln, wobei nach Sicherung einer notwendigen Komplexität der Forschung ihre Effektivität zu einem entscheidenden Teil von der Konzentration auf gesellschaftlich notwendige Schwerpunkte abhängt. Zum anderen führt die Beschleunigung des wissenschaftlich-technischen Fortschritts selbst dazu, daß die Anforderungen nicht nur an die Qualität und Höherqualifizierung der Forschungskader ständig wachsen, sondern auch an die bestehenden Forschungsplätze, die in immer kürzeren Zeiträumen modernisiert werden müssen, da die Forschungsanlagen und wissenschaftlichen Geräte in besonders hohem Maße dem moralischen Verschleiß unterliegen.

Ein Charakteristikum der gegenwärtigen Entwicklungsetappe der Wissenschaft besteht in der wachsenden Rolle der Grundlagenforschung im System des wissenschaftlich-technischen Fortschritts. Die Grundlagenforschung wird immer mehr zum niveaubestimmenden Glied in der Kette Wissenschaft-Technik-Produktion. Ein Grundzug der Entwicklung der Grundlagenforschung in unserer Zeit besteht darin, daß ihr unmittelbarer Einfluß sowohl auf die angewandte Forschung wie auch auf die Produktion rasch zunimmt. Hierdurch wächst die Bedeutung einer engen Verbindung von Grundlagenforschung, angewandter Forschung und der Produktion.

Ein augenscheinliches Ergebnis der wissenschaftlich-technischen Revolution ist das wachsende Gewicht der qualifizierten Arbeit im Reproduktionsprozeß.

War in der industriellen Revolution die einfache, unqualifizierte Arbeit der Grundpfeiler der Produktion, so wird unter den Bedingungen der wissenschaftlich-technischen Revolution es immer mehr die qualifizierte Arbeit.

In den sozialistischen Ländern ist in unserer Zeit eine Generation der Arbeiterklasse entstanden, die über ein hohes Niveau der Allgemein- und Spezialbildung verfügt. So erhöhte sich der Anteil der Facharbeiter und Meister an den Gesamtbeschäftigten von 33,7 Prozent im Jahr 1962 auf 46,4 Prozent im Jahre 1971, der Anteil der Hoch- und Fachschulkader stieg von 6,7 Prozent auf 11,7 Prozent, während der Anteil der angelernten und ungelernten Arbeitskräfte im gleichen Zeitraum von 59,7 Prozent auf 41,9 Prozent sank. Die Bildungsfonds der Werktätigen - dies sind die im Qualifikationsniveau der Werktätigen realisierten Bildungsaufwendungen - stiegen in dieser Zeit von 80 Milliarden Mark auf 125 Milliarden Mark. Damit erreichte die durchschnittliche Ausstattung der Werktätigen mit Bildungsfonds über 40 Prozent ihrer Ausstattung mit materiellen Grundfonds.

Dieses gewaltige durch die Anstrengungen der Werktätigen und der Gesellschaft geschaffene qualitative Potential gilt es, im Prozeß der Intensivierung voll zu nutzen. Dies erfordert sowohl den qualifikationsgerechten Einsatz der Arbeitskräfte, ihre volle Einbeziehung in Leitung und Planung der Produktion, die rationelle Gestaltung ihrer Arbeitsplätze als auch ihre ständige Weiterbildung.

Hierbei treten folgende Probleme in den Vordergrund:

1. Die nominale Arbeitszeit durch wissenschaftliche Arbeitsorganisation und Erhöhung der Arbeitsdisziplin muß besser genutzt werden.

2. Die Arbeitsplätze mit erschwerten Arbeitsbedingungen, vor allem auf Grund von Lärmeinwirkungen, körperlich schwerer Arbeit, Giftstoffen und Giftgasen, Staubeinwirkungen und extremen Temperaturen sind zielgerichtet zu reduzieren.

3. Der Bestand an Verwaltungs-, Hilfs- und Abrechnungspersonal sowie die Gewinnung dieser Arbeitskräfte für die produzierenden Bereiche ist weiter zu senken.

4. Die Rationalisierung von Tätigkeiten mit geringem Mechanisierungsgrad und geringer Arbeitsproduktivität, um mit geringstem Mittelaufwand

eine hohe Freisetzung von Arbeitskräften zu erreichen, muß gezielter durchgeführt werden. Hierbei gilt es, Arbeitskräfte vor allem in den Hilfs- und Nebenprozessen, deren Mechanisierungsgrad oft nur die Hälfte der Hauptprozesse erreicht, freizusetzen; gleichzeitig müssen für die Freisetzung die Möglichkeiten der territorialen Rationalisierung besser als bisher genutzt werden.

5. Von besonderer Bedeutung ist die effektive Nutzung des in den vergangenen Jahren stark gestiegenen Qualifikationsniveaus der Werktätigen. Hierbei ist durch Zuführung von Hochschulkadern und Fachschulkadern in die Produktionsvorbereitung und Produktionslenkung, die betrieblichen Forschungsstellen, die Technologie sowie die Überführung von Forschungsergebnissen zu verstärken. Gleichzeitig ist eine planmäßig proportionale Entwicklung des Facharbeiterbestandes zu sichern, um Tendenzen einer, die einfache Reproduktion bestimmter wichtiger Berufsgruppen (wie zum Beispiel Elektroinstallateur, Maschinist, Gießereifacharbeiter, Maschinenbauer und andere) nicht mehr gewährleistenden Entwicklung entgegenzuwirken. Hierbei kommt der Verbesserung der Leitung und Planung der Bildung und Qualifikation der Werktätigen sowie ihres effektiven Einsatzes eine entscheidende Bedeutung zu.

Vorrangige Beachtung muß hierbei die Verbesserung des effektiven Einsatzes der ausgebildeten Kader finden. Soziologische Untersuchungen in der sozialistischen Industrie ergaben, daß fast 25 Prozent der Facharbeiter, ein noch höherer Prozentsatz bei Meistern und Fach- und Hochschulkadern unter dem von ihnen erworbenen Qualifikationsniveau beschäftigt ist. Andererseits ist gut bekannt, daß uns in wichtigen Bereichen der Volkswirtschaft sowohl Facharbeiter und Hochschulkader fehlen. Dies ist auch ein Ausdruck für die ungenügende Mobilität und Disponibilität der Kader; denn der wissenschaftlich-technische Fortschritt verändert ständig das vorhandene Gefüge von Arbeitsplätzen, beseitigt und bringt ständig neue Arbeitsplätze hervor. Er fordert daher, wie bereits Marx schrieb, den "Wechsel der Arbeit, Fluß der Funktion, allseitige Beweglichkeit des Arbeiters".[6] Marx sah hier ein "allgemeines Produktionsgesetz", das im Sozialismus bewußt im Interesse der Arbeiterklasse durchgesetzt werden muß.

Von besonderer Bedeutung ist die Aufdeckung dieses "allgemeinen Produktionsgesetzes" bei der Mechanisierung, Teilautomatisierung und Automatisierung ausgewählter Vorhaben. Es zeigt sich hierbei, daß sich mit der Erhöhung des Mechanisierungs- und Automatisierungsniveaus der Produktion die Arbeitsanforderungen durchaus nicht für alle Arbeitskräfte gleichzeitig verändern. Es findet vielmehr ein verstärkter Differenzierungsprozeß innerhalb der Produktionsarbeiter statt. Jede neue Stufe der Mechanisierung und Automatisierung verändert eine Reihe von Arbeitsplätzen, erhöht die qualitativen Anforderungen an diese Arbeitsplätze, läßt aber auch gleichzeitig eine Reihe von Arbeitsplätzen in der alten Struktur und Form bestehen.

Bei der Erhöhung des Mechanisierungs- und Automatisierungsgrades werden Teilfunktionen der ursprünglich komplexen Produktionstätigkeiten auf maschinelle Anlagen übertragen, zu neuen anspruchsvolleren Tätigkeiten im Produktionsbereich (Steuer, Überwachungs- und Kontrolltätigkeit) zusammengefaßt sowie in die produktionsvorbereitenden Abteilungen transferiert. Gleichzeitig werden aber auch einfachere und einseitigere Tätigkeiten reproduziert.

Bei der rationellen Gestaltung der Arbeitsplätze, der Senkung der körperlich schweren und geistig monotonen Arbeit gewinnt die wissenschaftliche Arbeitsorganisation (WAO) - als eine wichtige Methode der sozialistischen Rationalisierung - eine wachsende Bedeutung. Hierbei gilt es nicht nur, die vorhandenen Arbeitsplätze durch die WAO neu zu gestalten, den Arbeitsablauf flüssiger und die Arbeit effektiver zu machen, sondern gleichzeitig größere Anstrengungen zu unternehmen, um bereits bei der Projektierung und Konstruktion die Erkenntnisse und Erfordernisse der WAO - als Einheit von Arbeitsstudium, Arbeitsgestaltung und Arbeitsnormung - zur Geltung zu bringen und den Konstrukteuren und Projektierern konkrete soziale Vorgaben im Hinblick auf die Arbeitsgestaltung zu geben. Möglichkeiten, die bereits am Reißbrett für die Verbesserung der Arbeitsbedingungen vertan werden, können später nur mit großen zusätzlichen Aufwendungen wieder wettgemacht werden. Wir erhalten durch die WAO nicht nur die Möglichkeit, einen wesentlichen Beitrag zur Steigerung der Arbeitsproduktivität zu leisten - im Industriezweig Elektrotechnik/Elektronik wurden im Jahre 1973 20 bis 31 Prozent der geplanten Arbeitszeiteinsparung durch Maßnahmen der WAO erbracht -, sondern auch aktiv den Inhalt der Arbeit zu gestalten, sie für alle Arbeiter angenehmer und schöpferischer zu machen.

Dies entspricht voll und ganz auch den Anforderungen, die die Arbeiter selbst an die sozialistische Rationalisierung mittels der WAO stellen. So ergaben soziologische Befragungen, daß über 70 Prozent der Arbeiter von der Rationalisierung vor allem eine Verbesserung ihrer Arbeitsbedingungen erwarten. Deshalb ist von größter Bedeutung, die Maßnahmen der WAO zu einem festen Bestandteil des Betriebsplanes zu machen und die Arbeiter bei der Aufstellung und Realisierung dieses Planes in vollem Umfang einzubeziehen.

Die Erhöhung der Grundfondsökonomie ist eine zentrale Aufgabe der Intensivierung.

In ihrer Entwicklung spiegelt sich zu einem wichtigen Teil der erreichte Grad der Intensivierung wider.

Bei der Erhöhung der Effektivität der Grundfonds spielen folgende Komponenten eine entscheidende Rolle:

1. das Verhältnis von Erweiterungs- und Rationalisierungsinvestitionen;
2. die innere Struktur der Grundfonds, vor allem die Qualität des Ausrüstungsanteils;
3. ihre zeitliche und leistungsgemäße Auslastung;
4. die Kontinuität ihrer einfachen und erweiterten Reproduktion durch die Investitionstätigkeit.

Das Verhältnis von Erweiterungs- und Erneuerungsinvestitionen hat mit Recht in der letzten Zeit im Zentrum der Diskussion über Probleme der Intensivierung gestanden. Gerade aus der ungünstigen Entwicklung dieser Relation, vor allem in der zweiten Hälfte der sechziger Jahre, ergeben sich eine Reihe von Schwierigkeiten für die planmäßig proportionale Entwicklung unserer Volkswirtschaft, die Ausnutzung der vorhandenen Fonds und für das Verhältnis zwischen den vorhandenen Arbeitsplätzen und Arbeitskräften. Besonders nach dem VIII. Parteitag der SED sind erhöhte Anstrengungen unternommen worden, um den Anteil der Rationalisierungs- und Ersatzinvestitionen zu erhöhen. Wenn man von der Energie- und Brennstoffindustrie und der chemischen Industrie, in denen Neubauten und Erweiterungsinvestitionen stark vorherrschen, absieht, so erhöhte sich der Rationalisierungsanteil von 56 Prozent im Jahre 1971 auf 62 Prozent im Jahre 1972.

Aber gerade die Sicherung der Energie-, Rohstoff- und Werkstoffbasis unseres ökonomischen Wachstums wird auch in Zukunft über die Hälfte der Industrieinvestitionen für sich beanspruchen, wodurch objektiv Grenzen entstehen für das Ausmaß der möglichen Rationalisierungsinvestitionen und damit für die Freisetzung der Arbeitskräfte, die auch für die neuen geschaffenen Kapazitäten benötigt werden. Das Problem wird daher darin bestehen, die für die Rationalisierung zur Verfügung stehenden Investitionsmittel so einzusetzen, daß sich in einzelnen Bereichen der Volkswirtschaft die Altersstruktur der Grundfonds nicht weiter verschlechtert und dadurch qualifizierte Arbeitskräfte an veraltete Aggregate gebunden werden.

Wichtig ist es, daß es gelang, die qualitative Struktur der Investitionen zu verbessern. So waren über die Hälfte der im Jahre 1972 installierten Ausrüstungen teil- oder vollautomatisierte, und vor allem der Ausnutzungsgrad der hochproduktiven Maschinen und Komplexe der Produktionsanlagen hat sich erhöht, nachdem er in den Jahren 1970 und 1971 stagniert hatte.

Von großer Bedeutung für die Effektivität der gesamten Volkswirtschaft ist die Sicherung der Kontinuität des Investitionsgeschehens, da jähe Wendungen in der Investitionsverteilung sich fortpflanzen in einer diskontinuierlichen und unrhythmischen Entwicklung der gesamten Volkswirtschaft. Schroffe Änderungen in der Verteilung der Investitionen erschweren es, die vielfältigen Verflechtungen des Investitionsgeschehens, angefangen bei der Forschung über die Projektierung bis zur Produktion, die Kooperationsbeziehungen zwischen Zuliefer- und Finalproduktion effektiv und stabil zu gestalten.

Gegenwärtig wird die Effektivität der Investitionen zu einem entscheidenden Teil dadurch beeinträchtigt, daß ihre Vorbereitung und Realisierung ungenügend auf der Grundlage langfristig stabiler Konzeptionen erfolgt, daß oftmals mit der Realisierung von Investitionsvorhaben begonnen wird, ohne daß über die technischen Lösungen der Investitionsaufgaben, die volkswirtschaftliche Einordnung des Vorhabens, die notwendigen materiellen Leistungen, den erforderlichen Investitionsaufwand, das wissenschaftlich-technische Niveau der Produktion sowie die dazu notwendigen Ausrüstungen und Bauwerke gleichzeitig Klarheit existiert.

Die Überwindung dieser Mängel in der Investitionsvorbereitung sind von entscheidender Bedeutung, um den Tendenzen der Senkung der Grundfondsquote, vor allem auf Grund von Struktureinflüssen, entgegenzuwirken und ihre Entwicklung langfristig zu stabilisieren.

Tempo und Ausmaß der Intensivierung werden in entscheidendem Maße von der Vervollkommnung der Struktur der Volkswirtschaft bestimmt. Durch das Wirken solcher strukturgestaltender Komponenten, wie die Bedürfnisentwicklung der Werktätigen, die Erfordernisse der sozialistischen ökonomischen Integration und die Gestaltung effektiver Außenwirtschaftsbeziehungen, die Beschleunigung des wissenschaftlich-technischen Fortschritts und Erfordernisse der Reproduktion der natürlichen Umwelt, entstehen neue, komplizierte Anforderungen an die Struktur, die durch planmäßige Strukturveränderungen realisiert werden müssen. Vom Standpunkt der politischen Ökonomie handelt es sich hierbei um einen Beitrag zur Lösung des Kardinalproblems der sozialistischen Planwirtschaft, die tatsächliche Verteilung der gesellschaftlichen Arbeit an die gesellschaftlich notwendige, die optimale Verteilung der gesellschaftlichen Arbeit anzunähern.

Die strukturgestaltenden Komponenten verhalten sich durchaus nicht widerspruchsfrei zueinander. So ergeben sich aus der Entwicklung des Bedarfs unserer Partner im Rat für gegenseitige Wirtschaftshilfe andere Anforderungen an die Strukturentwicklung im Hinblick auf die metallverarbeitende Industrie als jene, die vom Standpunkt unserer beschränkten Energie-, Rohstoff- und Werkstoffbasis für uns am günstigsten wären. Die schrittweise Lösung dieser und anderer Widersprüche ist Aufgabe der sozialistischen Strukturpolitik, die auf die volle Ausschöpfung der Möglichkeiten der sozialistischen ökonomischen Integration und des wissenschaftlich-technischen Fortschritts ausgerichtet werden muß.

Hierbei müssen wir davon ausgehen, daß mit der wachsenden Komplexität und wechselseitigen Verflechtung des Reproduktionsprozesses sowie der Begrenztheit der Rohstoff- und Energieressourcen die Aufwendungen für Strukturveränderungen wachsen.

Deshalb gewinnt die langfristige, mit den Integrationspartnern abgestimmte Planung der Strukturentwicklung an erstrangiger Bedeutung für die Intensivierung der Volkswirtschaft. Die gegenwärtig zu treffenden Strukturentscheidungen sind in hohem Maße bereits durch die Strukturentwicklung in den vergangenen Jahren vorherbestimmt.

Gleichzeitig fixieren sie ihrerseits die Elemente der künftigen Struktur über Jahre hinaus. So sind im Jahr 1974 die Investitionen in der Industrie in ihrem Ausrüstungsanteil zu über 70 Prozent und ihrem Bauanteil zu fast 90 Prozent durch Entscheidungen in den Vorjahren vorausbestimmt. Das Entscheidungsfeld für Veränderung der Struktur der Investitionen ist somit klar begrenzt; unsere Dispositionsfähigkeit betrifft nur einen Teil des zur Verfügung stehenden Investitionsvolumens.

Die Aufwendungen und Reibungsverluste für notwendige Strukturveränderungen, vor allem innerhalb der Zweige und Industriebereiche, können in dem Maße reduziert werden, wie wir eine hohe Disponibilität und Mobilität der Arbeitskräfte und der materiellen Produktionsfonds zu sichern verstehen. Bei den Grundfonds müssen wir hierbei den Widerspruch lösen zwischen der Tendenz zur Fixierung der Produktionsprozesse auf Grund der wachsenden Unteilbarkeit der Produktionsanlagen und der Notwendigkeit zur Konzentration und den Erfordernissen, Strukturwandlungen mit geringstem Aufwand zu realisieren.

Gegenwärtig ist die Vervollkommnung der Produktionsstruktur vor allem gekennzeichnet durch:

1. das wachsende Gewicht der Konsumgüterproduktion und die Veränderung der inneren Struktur im Maschinenbau, in der Elektrotechnik/Elektronik im Interesse der Erhöhung der Konsumgüterproduktion;

2. Erweiterung der energetischen, Rohstoff- und Werkstoffbasis bei Sicherung einer hohen Material- und Energieökonomie sowie wichtiger Substitutionsprozesse;

3. Weiterentwicklung der metallverarbeitenden Industrie durch Erhöhung des wissenschaftlich-technischen Niveaus, die effektive Gestaltung ihrer inneren Proportionen und die Verringerung der Sortimentsbreite;

4. Intensivierung der Land- und Nahrungsgüterwirtschaft durch den schrittweisen Übergang zu industriemäßigen Methoden der Produktion;

5. erhöhte Leistungsanforderungen an das Bauwesen und das Verkehrs- und Nachrichtenwesen.

Hieraus ergeben sich wiederum wichtige Konsequenzen für die Entwicklung solcher volkswirtschaftlichen Grundproportionen wie das Verhältnis von Abteilung I und II sowie von Akkumulation und Konsumtion. Die Lösung dieser Aufgaben stellt verstärkte Anforderungen an die Entwicklung der Abteilung I sowie an die Erhöhung der Akkumulationskraft unserer Wirtschaft.

Die Vervollkommnung der Struktur der Volkswirtschaft vollzieht sich in wachsendem Maße im Zusammenhang mit der Vertiefung der ökonomischen Integration im Rahmen der sozialistischen Staatengemeinschaft.

Die Wechselwirkung von ökonomischer Integration und Vervollkommnung der volkswirtschaftlichen Struktur ist eine entscheidende Grundlage für die Intensivierung, denn sie ermöglicht es, den im Zuge dieses Prozesses sich erhöhenden Vergesellschaftungsgrad der Produktion und der Arbeit schrittweise im Rahmen der sozialistischen Staatengemeinschaft zu verwirklichen. Es ist daher kein Wunder, daß solche grundlegenden Aufgaben der Erhöhung des Umfanges und des Grades der sozialistischen ökonomischen Integration - wie die weitere Vertiefung der Spezialisierung und Kooperation der Produktion der DDR mit der UdSSR und den anderen RGW-Ländern, die Zusammenarbeit auf dem Gebiet der Forschung und Entwicklung, die Herausbildung langfristig stabiler Linien gegenseitiger Lieferungen, der internationale Einsatz von Fonds, die gemeinsame Rationalisierung und Rekonstruktion ganzer Betriebe und Kombinate, vor allem auch der Konsumgüterindustrie einschließlich ihrer Vorstufen, die gemeinsame beziehungsweise arbeitsteilige Entwicklung von modernen Ausrüstungen und Technologien - untrennbar verbunden sind mit der Vervollkommnung der Struktur im Rahmen unserer Volkswirtschaft.

Es zeigt sich immer deutlicher, daß die Effektivitätsentwicklung, die Vervollkommnung der Struktur und die sozialistische ökonomische Integration beim Beschreiten des Hauptweges unseres ökonomischen Fortschrittes, der umfassenden Intensivierung, immer mehr eine untrennbare Einheit bilden und sich wechselseitig durchdringen.

Die objektive Grundlage hierfür bildet das Wirken der allgemeinen Gesetze des sozialistischen und kommunistischen Aufbaus, die entsprechend dem erreichten Stand der nationalen und internationalen Vergesellschaftung von Produktion und Arbeit die Lösung des nichtantagonistischen Widerspruchs zwischen dem internationalistischen Charakter der sozialistischen Produktionsverhältnisse und der national-staatlichen Form ihrer Organisation im Prozeß der sozialistischen Integration erfordern.

Dies führt schrittweise

- zur allmählichen Anpassung und Verflechtung der Volkswirtschaften und der allmählichen Herausbildung einer gemeinsamen Strukturpolitik der RGW-Länder auf der Grundlage langfristiger Vereinbarungen und Entwicklungsprogramme,
- zur wachsenden Annäherung der Systeme der Leitung und Planung der Volkswirtschaft in enger Wechselbeziehung zum Ausbau eines Systems der gemeinsamen Planungstätigkeit der RGW-Länder;
- zur Vervollkommnung der Bedingungen für die wirtschaftsleitende Tätigkeit der Vereinigungen, Kombinate und Betriebe bei der Realisierung der Integrationsaufgaben;
- zur engeren Koordinierung und der Herausbildung einer gemeinsamen Außenwirtschaftspolitik der RGW-Länder gegenüber Drittländern, kapitalistischen Gruppierungen, Organisationen und Einrichtungen;
- zum Ausbau direkter Beziehungen zwischen den Werktätigen der RGW-Länder im Rahmen der Produktion, Wissenschaft, Bildung und Freizeit.

Besonders hohe Anforderungen an die Entwicklung der Akkumulationskraft unserer Volkswirtschaft - vor allem an die Effektivität und Masse der Akkumulation - entstehen aus der Notwendigkeit der Rohstoff- und Energiesicherung, die zu wachsenden Aufwendungen für Investitionen und Arbeitskräfte führen und mit höheren spezifischen Aufwendungen für Investitionsbeteiligungen verbunden sind. Diese wachsenden Aufwendungen sind nicht nur notwendig für die Erweiterung der Produktion, sondern auch für die Beibehaltung eines bereits erreichten Aufkommensniveaus an Rohstoffen. Deshalb erhöhte sich der Anteil der Investitionen in der Energie- und Brennstoffindustrie, Chemie, Erzbergbau, Metallurgie und Kali an den Gesamtinvestitionen von 45 Prozent im Jahre 1970 auf 60 Prozent 1973 bei einer insgesamt wachsenden Masse der Akkumulation.

Hieraus ergeben sich auch entscheidende Maßstäbe für den in der Volkswirtschaft insgesamt durch Beschleunigung des wissenschaftlich-technischen Fortschritts zu erreichenden Effektivitätszuwachs, um solche notwendigen, extensiven Aufwandsentwicklungen auszugleichen und das für die entwickelte sozialistische Gesellschaft erforderliche Niveau der Entwicklung der Akkumulationskraft zu sichern.

Dies führt zu entscheidenden Konsequenzen für die Entwicklung jener Produktionszweige, die Automatisierungs- und Rationalisierungsmittel herstellen. Die Steigerung von Produktion und Produktivität in diesen Zweigen ist von ausschlaggebender Bedeutung für die Stärkung der Akkumulationskraft unserer Wirtschaft und für die Gewinnung von disponibler gesellschaftlicher Arbeit für die Entwicklung der anderen Bereiche des gesellschaftlichen Reproduktionsprozesses. Hier bewahrheitet sich die These der Klassiker, daß die Akkumulation "die wichtigste progressive Funktion der Gesellschaft"[7] ist und ein entscheidendes Mittel zur "Eroberung der Welt des gesellschaftlichen Reichtums".[8] Die sozialistische Akkumulation kann daher nicht auf die Erweiterung der materiellen Elemente des Arbeitsprozesses eingeschränkt werden, sondern wird immer mehr zum dynamischen, vorwärtsstreibenden Element der Entwicklung der produktiven Potenzen der sozialistischen Gesellschaft, zum Zusammenschluß aller Bereiche des gesellschaftlichen Reproduktionsprozesses - der materiellen und der nichtmateriellen - für die Erhöhung der Effektivität der gesellschaftlichen Arbeit.

Die sozialistische erweiterte Reproduktion schließt - im Unterschied zum Reproduktionsprozeß der kapitalistischen Privateigentümer - auch die Reproduktion der natürlichen Umwelt ein, denn die Natur ist eine entscheidende Quelle des gesellschaftlichen Reichtums, sie ist - wie Marx sagt - der "anorganische Leib" des Menschen.[9]

Während in der kapitalistischen Gesellschaft der Raubbau an der Natur und an den physischen und geistigen Anlagen und Fähigkeiten der Werktätigen einen einheitlichen gesellschaftlichen Prozeß darstellt, ist die Reproduktion der natürlichen Umwelt im Sozialismus Bestandteil und Voraussetzung für die Befriedigung der Bedürfnisse der Werktätigen. Natürlich müssen die für diese Reproduktion erforderlichen Aufwendungen mit denen für die Befriedigung der anderen Bedürfnisse in Beziehung gesetzt werden. Sie sind ein anwachsender Bestandteil der gesellschaftlich notwendigen Arbeit, und ihre Größe richtet sich nach den Bedürfnissen und Erfordernissen des gesellschaftlichen Reproduktionsprozesses als Ganzes.

Hierbei gewinnt mit dem wachsenden Grad der Einbeziehung der natürlichen Ressourcen in den ökonomischen Reproduktionsprozeß die intensiv erweiterte Reproduktion der natürlichen Umwelt, die intensive Nutzung der bereits in den ökonomischen Kreislauf einbezogenen Ressourcen an Bedeutung. Die gesellschaftlichen Aufwendungen für die Reproduktion der natürlichen Umwelt können in dem Maße minimiert werden, wie es gelingt, die Kräfte der Natur selbst bei der Herstellung des ökologischen Gleichgewichts voll zur Wirkung zu bringen. Dies wiederum kann nur erfolgen auf Grundlage der naturwissenschaftlichen und ökonomischen Erforschung der natürlichen Kreisläufe. Erst so wird es möglich, die Fernwirkung getroffener Maßnahmen richtig einzuschätzen.

Hiermit muß verhindert werden, daß kurzfristige Wachstumseffekte mit einer zunehmenden Belastung der Umwelt und damit auf Kosten eines künftigen langfristig stabilen Wachstums der Volkswirtschaft erzielt werden. Die intensiv erweiterte Reproduktion der natürlichen Umwelt muß vor allem auf zwei Wegen erfolgen:

Einmal muß angestrebt werden, pro Bedürfniseinheit weniger Naturstoff einzusetzen. Zum anderen gilt es, die einmal entzogenen Naturstoffe so lange wie möglich im Wirtschaftskreislauf zu belassen, das heißt, so wenig wie möglich an die Natur zurückfließen zu lassen. Im Sinne einer solchen "Naturstoffökonomie" wird die Vielfach- beziehungsweise Mehrfachnutzung der dem natürlichen Kreislauf entzogenen Stoffe durch Rückgewinnung der Abprodukte und Exkremente zu einer wichtigen Aufgabe der intensiv erweiterten Reproduktion, und der Rückgewinnungseffekt wird zu einem wichtigen Gradmesser für die Proportionalität der wirtschaftlichen Entwicklung eines

Landes, in dem - wie in der DDR - nur begrenzte Möglichkeiten für die Erschließung ungenutzter Naturressourcen vorhanden sind. Unter diesem Aspekt gewinnt die ständige Wiederverwendung solcher Sekundärrohstoffe wie Schrott, Altpapier, Thermoplastabfälle, Kautschuk, Alttextilien, Industrieasche, Rücklauf-Verpackungsglas und andere an Bedeutung.

Die rationelle Reproduktion der natürlichen Umwelt stellt hohe Anforderungen an die Leitung und Planung der Volkswirtschaft der Betriebe und Kombinate sowie der Territorien. Gehen wir davon aus, daß der Aufwand für die Reproduktion der natürlichen Umwelt einen ständig wachsenden Anteil an der gesellschaftlich notwendigen Gesamtarbeit darstellt, dann wird klar, daß es notwendig ist, bereits bei der Planung und Bilanzierung von Investitionen die sich hieraus ergebende Belastung der Umwelt genau zu berücksichtigen. Hierbei ist es notwendig, nicht nur die angestrebten Hauptprodukte, sondern auch die unerwünschten Nebenprodukte in der Planung und Bilanzierung zu erfassen. Denn Abprodukte, die nicht in irgendeiner Weise wieder dem Produktionsprozeß zugeführt werden, belasten Luft, Wasser oder Boden und mindern somit Qualität und Leistungsfähigkeit der natürlichen Umwelt. Nur wenn diese Zusammenhänge rechtzeitig bei der Planung und Bilanzierung in den Betrieben und Kombinaten sowie im volkswirtschaftlichen Maßstab berücksichtigt werden, kann die gesellschaftlich günstigste Variante der Reproduktion der natürlichen Umwelt aufgedeckt und realisiert werden.

Insgesamt stellt die Veränderung der Wirkungsbedingungen der ökonomischen Bedingungen der vorwiegend intensiv erweiterten Reproduktion neue Anforderungen an den Ausnutzungsmechanismus der ökonomischen Gesetze. Das Kernproblem bei der Weiterentwicklung der gesellschaftlichen Organisation der Produktion besteht hierbei in der weiteren Verbesserung des qualitativen Niveaus der Planung.

Bei der Verwirklichung der Beschlüsse des VIII. Parteitages der SED wurden eine Reihe wichtiger Vervollkommnungen auf diesem Gebiet erreicht. So wurden die Bedürfnisse immer stärker zum Ausgangspunkt der Planung, die Bilanzierung von Bedarf und Produktion, von Rohstoff-, Werkstoff- und Energiebasis und Produktionsentwicklung, das Verhältnis von Zulieferproduktion und Finalproduktion wurde wesentlich verbessert, der Plan Wissenschaft und Technik sowie die Planung von Maßnahmen der sozialistischen ökonomischen Integration beginnen eine qualitativ neue Rolle in der Planung zu spielen.

Der sozialistische Wettbewerb - als Bestandteil der sozialistischen Produktionsverhältnisse - erreichte eine neue Qualität. Er ermöglichte über die Gegenplanbewegung, die sich zu einer neuen Form der Vereinigung von Planung und Wettbewerb entwickelte, eine neue Stufe der Einbeziehung der Initiative und des Schöpfertums der Werktätigen in die Aufstellung und Realisierung der Pläne zu erreichen. So ermöglichten die zusätzlichen Initiativen 1973, den Plan der industriellen Warenproduktion um fast 4 Milliarden Mark überzuerfüllen und in 70 Prozent der zentralgeleiteten Betriebe die Arbeitsproduktivität um 1 Prozent über den Plan hinaus zu steigern.

Gleichzeitig wissen wir, daß wir, gemessen an den neuen Anforderungen, auf vielen Gebieten erst am Anfang stehen, um die Leitung und Planung zum entscheidenden Beschleuniger der Prozesse der Intensivierung zu machen. Dies betrifft vor allem die Erweiterung des Zeithorizonts der Planung und ihrer Komplexität, ihre Verbindung mit der Initiative und dem Schöpfertum der Werktätigen, mit der wachsenden Rolle der Produzentenkollektive bei der Ausarbeitung und Abrechnung der Pläne, der Erschließung von inneren Reserven für ihre Erfüllung und gezielte Übererfüllung. Dies gilt natürlich auch für die Vervollkommnung der Planungstechnik mit Hilfe ökonomisch-mathematischer Methoden und der Elektronischen Datenverarbeitung, die im wesentlichen Umfang zur Objektivierung des Entscheidungsprozesses auf allen Ebenen des Reproduktionsprozesses beitragen können.

Nur eine Leitung und Planung der Volkswirtschaft, die auf einer langfristigen, komplexen Vorausschau der Bedürfnisse, Möglichkeiten und Widersprüche der ökonomischen Entwicklung unserer Gesellschaft beruht, ist in der Lage, die Erfordernisse von heute mit denen von morgen in Übereinstimmung zu bringen. Von großer Bedeutung ist hierbei die Erhöhung der Rolle des Fünfjahrplanes und seine enge Verbindung mit der langfristigen Planung, wie sie in der Planungsordnung der DDR für den kommenden Fünfjahrplan 1976 bis 1980 vorgesehen ist. Es gilt hierbei zu sichern, daß der Fünfjahrplan zur Grundlage der staatlichen Leitung der gesellschaftlichen Entwicklung auf allen Ebenen sowie Grundlage der Tätigkeit der Betriebe und Kombinate wird. So ist vorgesehen, die Fünfjahrplankennziffern nach Jahren untergliedert bis auf die Betriebe aufzuschlüsseln. Damit erhalten wir die Möglichkeit, die Gegenpläne der Betriebe, Kombinate und Einrichtungen entsprechend den Zielen des Fünfjahrplanes auf die Übererfüllung bestimmter Aufgaben der materiellen Produktion, des wissenschaftlich-technischen Fortschritts, der Steigerung der Arbeitsproduktivität und der Erhöhung der Materialökonomie zu orientieren.

Hierbei werden neue Möglichkeiten für die Vervollkommnung der Wirtschafts- und Leitungsorganisation geschaffen, durch die weitere Vertiefung der Arbeitsteilung, durch Spezialisierung und Konzentration innerhalb der Kombinate, die Entwicklung zentraler zwischenzweiglicher Fertigungen und die zweckmäßige Einbeziehung der kleinen, insbesondere der neuen volkseigenen Betriebe in den Konzentrationsprozeß.

Gleichzeitig gewinnt bei der Durchsetzung der Intensivierung das Wechselverhältnis von Fünfjahrplan und langfristiger Planung an Bedeutung.

Ein wesentlicher Grundzug solcher wichtiger Intensivierungsfaktoren - wie wissenschaftlich-technischer Fortschritt, Bildungs- und Qualifikationsniveau, materielle Infrastruktur, Entwicklung der Territorien und Reproduktion der natürlichen Umwelt - besteht gerade darin, daß ihre Wirksamkeit entscheidend von ihrer langfristig stabilen Entwicklung abhängt.

Es ist daher weder effektiv noch zweckmäßig, die Entwicklung dieser Bereiche analog der materiellen Produktion im Fünfjahrplan zu planen. Dies widerspricht der spezifischen Prozeßdauer dieser Bereiche und führt, wie unsere Erfahrungen auf verschiedenen Gebieten zeigen, zu Effektivitätsverlusten. Deshalb muß für diese Intensivierungsfaktoren die langfristige Planung eine wesentlich höhere Aussagekraft und einen höheren Verbindlichkeitsgrad haben als auf anderen Gebieten. Natürlich müßten die Plankennziffern für die langfristige Entwicklung dieser Intensivierungsfaktoren im Rahmen der Fünfjahrpläne präzisiert und auf die einzelnen Jahre aufgeschlüsselt werden. Die entscheidende Grundlage für die Entwicklung der genannten Intensivierungsfaktoren sollte aber bereits im Rahmen eines langfristigen Plans für 10 bis 15 Jahre festgelegt werden.

Eine besonders wichtige Linie der Vervollkommnung der Leitung und Planung besteht in der Erhöhung des Gewichts der Konsumtion im Reproduktionsprozeß. Dies ist natürlich nicht in erster Linie ein planmethodisches Problem. Hierin spiegelt sich die wachsende Rolle der effektiven Gestaltung der Konsumtion für die Bedürfnisbefriedigung und die Erhöhung der Effektivität der Wirtschaft wider. Hier zeigt sich, inwieweit es uns gelingt, den Zusammenschluß der Glieder der Kette "Bedürfnisentwicklung - Produktion - Distribution - Zirkulation - Konsumtion - Bedürfnisbefriedigung" zu einem festen Bestandteil unseres Reproduktionsprozesses zu machen. Die Planung muß hierbei dazu beitragen, den Einfluß der Konsumtion auf die Produktion, vor allem bei der Steigerung der Qualität der Erzeugnisse und der Erhöhung ihres wissenschaftlich-technischen Niveaus zu verstärken. Gleichzeitig müssen Distribution, Zirkulation, Konsumtion und Formen der Bedürfnisbefriedigung sowie ihre Wechselwirkung untereinander selbst in stärkerem Maße Gegenstand der Planung werden, da sie in wachsendem Maße die Effektivität der gesamten Volkswirtschaft beeinflussen.

Von besonderer Bedeutung für die Vervollkommnung des Funktionsmechanismus unserer Wirtschaft ist die stärkere Verbindung von zentraler staatlicher Leitung und Planung mit der wirtschaftlichen Rechnungsführung der Betriebe und Kombinate. Die planmäßige Orientierung solcher ökonomischen Kategorien und Instrumentarien wie Gewinn, Preis, Kredit und Kosten auf die Unterstützung der Intensivierung der Volkswirtschaft - gegenwärtig wirken sie ungenügend oder teilweise sogar hemmend auf den Prozeß der Intensivierung ein - ist eine wesentliche Seite der Durchsetzung des grundlegenden Kriteriums der Intensivierung, der Erhöhung der gesellschaftlichen Arbeitsproduktivität. Die Arbeit mit langfristigen Normativen auf diesem Gebiet ist ein wichtiges Mittel, um die objektiven Bedingungen der Betriebe und Kombinate für effektives, ökonomisches Handeln zu vervollkommnen. Dies setzt voraus, daß eine größere Stabilität und Kontinuität bei der Festlegung der Planaufgaben erreicht wird.

Ebenso ist die Abhängigkeit solcher Kennziffern wie Gewinn von der Senkung der Selbstkosten und Erhöhung der Qualität zu verstärken, während sein Wachsen auf Grund von Preiserhöhungen für neue Erzeugnisse von volkswirtschaftlich uneffektivem Einsatz wertvoller Rohstoffe und planwidrigen Sortimentsverschiebungen verhindert werden muß.

Gegenwärtig spielen noch die quantitativen Kennziffern und Normative in Leitung, Planung und ökonomischer Stimulierung eine größere Rolle als die qualitativen. Es ist daher erforderlich, den Qualitätskennziffern entsprechend den internationalen Maßstäben in der Planung und Abrechnung einen weit größeren Platz einzuräumen. Bereits von der Planung her gilt es, die Mechanisierung und Automatisierung ganzer Komplexe des Reproduktionsprozesses zu konzipieren und schrittweise durchzusetzen.

Insgesamt müssen wir die Bedingungen vervollkommnen, die sichern, daß jedem Arbeiter, jedem Produktionskollektiv das nützt, was für die sozialistische Gesellschaft insgesamt von Nutzen ist. Die Schaffung solcher Bedingungen ist untrennbar verbunden mit immer besserer Einbeziehung der Werktätigen und der Produktionskollektive in die Ausarbeitung und Abrechnung des Planes; sie ist Ausdruck der weiteren Entwicklung der sozialistischen Demokratie auf dem bewährten Fundament des demokratischen Zentralismus.

Der große Aufschwung der Wettbewerbsbewegung der Werktätigen zur Erfüllung und gezielten Übererfüllung des Planes 1974 zeigt, daß wir unter Führung unserer Partei zielgerichtet den Hauptweg unserer ökonomischen Entwicklung beschritten haben, um die großen Aufgaben, die mit der Vollendung des Aufbaus der entwickelten sozialistischen Gesellschaft verbunden sind, erfolgreich zu lösen.

Anmerkungen

1 Erich Honecker, Zügig voran bei der weiteren Verwirklichung der Beschlüsse des VIII. Parteitages der SED, Berlin 1973, S. 43/44.

2 L.I. Breshnew, Das Sowjetvolk zeigt der Menschheit neue Horizonte und neue Ideale, Berlin 1973, S. 65.

3 Sicco Mansholt, Offener Brief zur Revision der europäischen Gesamtwirtschaftspolitik, in: Die Zukunft des Wachstums, Düsseldorf 1973, S. 336.

4 Ebenda.

5 Erhard Eppler, Alternative für eine humane Gesellschaft, in: Die Zukunft des Wachstums, Düsseldorf 1973, S. 245.

6 Karl Marx, Das Kapital, Erster Band, in: Karl Marx/Friedrich Engels Werke (im folgenden MEW), Bd. 23, Berlin 1964, S. 511.

7 Friedrich Engels, Herrn Eugen Dührings Umwälzung der Wissenschaft (Anti-Dühring), in: MEW, Bd. 20, Berlin 1962, S. 290.

8 Karl Marx, Das Kapital, Erster Band, in: MEW, Bd. 23, Berlin 1964, S. 619.

9 Vgl. Karl Marx, Kritik des Gothaer Programms, in: MEW, Bd. 19, Berlin 1962, S. 15; Karl Marx, Grundrisse der Kritik der Politischen Ökonomie, Berlin 1953, S. 388.

Tran Phuong

ZU FRAGEN DER WIRTSCHAFTLICHEN ENTWICKLUNG DER DEMOKRATISCHEN REPUBLIK VIETNAM

Gestatten Sie mir bitte, im Namen der vietnamesischen Wirtschaftsexperten allen Kollegen in der DDR anläßlich des 25. Jahrestages der Gründung der DDR, des unantastbaren Vorpostens des sozialistischen Lagers im Westen, und anläßlich des 20jährigen Bestehens Ihres Zentralinstituts für Wirtschaftswissenschaften unsere herzlichsten brüderlichen Glückwünsche zu übermitteln. Gemeinsam mit der sowjetischen Delegation und den Delegationen der anderen sozialistischen Länder möchte ich unsere wärmsten, brüderlichen Gefühle für Sie zum Ausdruck bringen.

Wie Sie wissen, hatte die Wirtschaft im Norden Vietnams bis vor kurzem dem äußerst harten Zerstörungskrieg der Luftwaffe und der Kriegsmarine des USA-Imperialismus zu widerstehen. Obwohl die USA-Imperialisten gezwungen wurden, ihre Aggressionstruppen aus unserem Land abzuziehen, geben sie ihre hinterhältige Aggressionsabsicht noch immer nicht auf. Sie wollen weiterhin unser Volk dem Joch des Neokolonialismus unterwerfen. Die USA benutzen ein ganzes System von sogenannten Beratern, um den Krieg mittels ihrer Marionettenclique in Südvietnam zu führen; sie bringen massiv Waffen und Kriegsmaterial nach Südvietnam. Die USA-Imperialisten setzen den Krieg im Süden unseres Landes weiter fort, und zwar in einer anderen kolonialistischen Form: Übergriffe auf die befreiten Gebiete und "Befriedung" in ihren Kontrollgebieten. Deshalb bleibt die Lage in Vietnam und in Kambodscha im besonderen sowie auf der Halbinsel Indochina im allgemeinen weiterhin äußerst gespannt. Angesichts dieser Lage sind die wirtschaftlichen Probleme, die vor uns stehen, nicht identisch mit denen der anderen sozialistischen Bruderländer, die fast 30 Jahre sozialistischen Aufbaus im Frieden erleben.

Entsprechend den Anforderungen der gegenwärtigen Situation legte das Zentralkomitee unserer Partei in seinem kürzlich stattgefundenen Plenum die generellen Aufgaben für den Norden unseres Landes in den nächsten Jahren fest. Es handelt sich darum, beschleunigt die Wunden des Krieges zu heilen, mit allen Kräften die Wirtschaft wieder aufzubauen und zu entwickeln, die Kultur zu entwickeln und die materiell-technische Basis des Sozialismus weiter aufzubauen. Die sozialistischen Produktionsverhältnisse, die sozialistische Ordnung, müssen allseitig gefestigt, die Wirtschaftslage und das Leben der Bevölkerung stabilisiert werden. Wir müssen unsere Landesverteidigung festigen, mit allen Kräften unsere Pflicht gegenüber der Revolution im Süden und unsere internationalistische Pflicht gegenüber der laotischen und kambodschanischen Revolution erfüllen.

Selbstverständlich spielt auch die Entwicklung des sozialistischen Produktionsprozesses keine unwichtige Rolle in der Entwicklung der Wirtschaft unseres Landes. Richtiger gesagt, gehört dies zu den erstrangigen und dringlichen Aufgaben. Man darf sich nicht nur den neuen Projekten, das heißt der Entwicklung in der Breite widmen und dabei die Nutzung der in den gegenwärtig verfügbaren Produktivkräften stehenden Reserven vernachlässigen. Dies benötigt in vielen Fällen nur eine relativ kleine zusätzliche, sogar unbedeutende Investition, die es jedoch gestattet, eine relativ hohe Produktionseffektivität zu erzielen. In bezug auf dieses große Reservoir verwies das ZK unserer Partei auf eine Reihe von Konzeptionen, mit denen die Erhöhung der Effektivität unserer Produktion und die maximale Nutzung des reichlichen Reservoirs der gegenwärtig verfügbaren Produktionskräfte angestrebt werden.

Die Verbesserung der Leitung der sozialistischen Wirtschaft wird als die gegenwärtig wichtigste Maßnahme betrachtet. In den vergangenen Jahren des patriotischen Kampfes gegen die USA-Aggression mußten die Produktion in den Industriebetrieben, in der Landwirtschaft sowie die Tätigkeit des Verkehrs- und Transportwesens unter äußerst mangelhaften und disproportionalen Bedingungen erfolgen. Doch, produziert werden mußte um jeden Preis. Es ging darum, Erzeugnisse für den Kampf und das Leben der Bevölkerung herzustellen. Unter solchen Bedingungen konnten die Gesetze der wirtschaftlichen Rechnungsführung nicht eingehalten werden; und die Arbeitsdisziplin wurde teilweise ebenfalls verletzt. Diese Situation darf nicht parallel zum Aufbau der sozialistischen Wirtschaft existieren. Deshalb sind die Wiedereinführung der Gesetze der wirtschaftlichen Rechnungsführung und gleichzeitig die Gewährleistung von stabilen Produktionsbedingungen für jeden Betrieb, die Erhöhung der Rolle solcher ökonomischer Hebel wie Preise, Löhne usw. sowie die Regulierung und Verstärkung des Wirtschaftsführungsapparates äußerst vordringliche Aufgaben. Die Praxis hat bewiesen, daß es nicht wenige Fälle gibt, in denen nur einige wenige Teilprozesse des Leitungssystems verbessert werden müssen - es ist nicht notwendig, zusätzlich zu investieren oder zusätzliche Anlagen zu beschaffen -, die Produktion kann jedoch dadurch deutlich erhöht werden.

Bei der Erhöhung der Effektivität unserer Produktion spielen die Fragen der technischen und ökonomischen Kader und Facharbeiter eine entscheidende Rolle. Daß in vielen Fällen die Maschinen und Anlagen nicht gut gewartet, ihre Leistungen nicht ausgenutzt werden und keine rationelle Organisation der Produktionsserien erreicht wird, so daß Arbeitskräfte und die Leistungen der Maschinen und Anlagen vergeudet werden, ist hauptsächlich auf den Mangel an Kadern und Arbeitern mit entsprechender Qualifikation zurückzuführen. Im Maschinenbau zum Beispiel führt der Mangel an Facharbeitern zu Erzeugnissen mit niedriger Qualität. In der Landwirtschaft zeigt sich durch den Mangel an gut ausgebildeten leitenden Wirtschaftskadern eine allgemein wenig effektive Produktionsorganisation und Arbeit.

Der disproportionale und nicht synchrone Zustand der Anlagen ist ebenfalls eine der wichtigen Ursachen, durch die die Effektivität der Produktion eingeschränkt wird. In vielen Industriebetrieben und -zweigen ist im Prinzip nur ein relativ geringer Investitionsaufwand notwendig, um einige technische Prozesse zu vervollkommnen oder zu intensivieren; und schon erreicht man eine relativ hohe Effektivität. In der Landwirtschaft ist es ebenso. Es brauchen nur die vorhandenen Meliorationssysteme durch einige Schleusen, Staudämme, Pumpstationen und Kanäle komplettiert zu werden, dann können diese Systeme eine im Vergleich mit dem jetzt erreichten Stand viel höhere

Effektivität erlangen. Die Anwendung zusätzlicher Investitionen ist in solchen Gebieten von großer Bedeutung.

Hierbei müssen wir auch die Rolle der Massenbewegung zur Entfaltung von Initiativen hervorheben, die dazu dienen, die Produktion technisch zu verbessern und zu rationalisieren. Diese Bewegung hilft mit ihren mannigfaltigen einzelnen Merkmalen, die Produktionseffektivität ständig zu erhöhen.

Die Erhöhung der Effektivität der sozialistischen Reproduktion in unserem Lande sowie die Heilung der Wunden des Krieges und die Beschleunigung der sozialistischen Industrialisierung sind von der großen Hilfe der Sowjetunion, der DDR und der anderen sozialistischen Bruderländer nicht zu trennen. Diese Hilfe war einer der entscheidenden Faktoren für den Sieg des vietnamesischen Volkes im Kampf auf Leben und Tod gegen die USA-Aggressoren. Sie ist gegenwärtig einer der Faktoren, die den Erfolg des Wiederaufbaus und der Entwicklung der Wirtschaft sowie bei der Schaffung der materiell-technischen Basis des Sozialismus in unserem Land entscheiden.

Unter den neuen Bedingungen, die sich aus dem Sieg über die imperialistische USA-Aggression ergeben, spielt die Entwicklung der internationalen Zusammenarbeit und Arbeitsteilung zwischen der Demokratischen Republik Vietnam und den anderen sozialistischen Bruderländern eine ständig an Bedeutung gewinnende wichtige Rolle.

Gestatten Sie mir bei dieser Gelegenheit, der Sozialistischen Einheitspartei Deutschlands, der Regierung und dem Volk der Deutschen Demokratischen Republik, den kommunistischen und Arbeiterparteien, den Regierungen und Völkern der sozialistischen Länder den tiefempfundenen Dank des vietnamesischen Volkes auszusprechen.

Mögen sich die brüderliche Freundschaft und Kampfessolidarität zwischen dem vietnamesischen Volk und dem Volk der DDR sowie den Völkern der sozialistischen Länder auf ewig festigen und ständig weiterentwickeln.

Istvan Friss

ZU FRAGEN DER WIRTSCHAFTSPOLITIK UND DER INTENSIV ERWEITERTEN REPRODUKTION IM SOZIALISMUS

Gestatten Sie mir, Ihre Konferenz und das Zentralinstitut für Wirtschaftswissenschaften der Akademie der Wissenschaften der DDR anläßlich ihres 20jährigen Jubiläums herzlich zu begrüßen. Lassen Sie mich hinzufügen, daß auch unser Institut Ende dieses Jahres sein 20jähriges Bestehen feiern wird, daß wir ebenfalls eine wissenschaftliche Konferenz veranstalten werden und es uns eine große Freude sein wird, Vertreter Ihres Instituts als Teilnehmer unserer Konferenz in Budapest begrüßen zu können.

Ich werde über Wirtschaftspolitik und intensiv erweiterte Reproduktion im Sozialismus sprechen. Einleitend möchte ich einige Worte zur Begründung meiner Themenwahl sagen. Vor 2 Jahren hat der Ministerrat der Ungarischen Volksrepublik auf Vorschlag der zuständigen Organisationen einen langfristigen wissenschaftlichen Forschungsplan gutgeheißen, der die wichtigsten Forschungsrichtungen für die nächsten 10 bis 15 Jahre vorsieht. Das sind alles Forschungen, die nur komplex in Zusammenarbeit mehrerer Wissenschaften im Verlauf von vielen Jahren durchgeführt werden können. Eine dieser Forschungsrichtungen heißt: Erfahrungen unserer Wirtschaftspolitik und Vorschläge zu ihrer Verbesserung. Das Wirtschaftswissenschaftliche Institut der Ungarischen Akademie der Wissenschaften ist Basisinstitut und Koordinator dieses Themas. Auf Grund der Erfahrungen unseres Landes nehme ich an, daß bei Ihnen im Zusammenhang mit dieser Forschungsrichtung gewisse Zweifel und Bedenken auftauchen können. Diese Zweifel sind voll berechtigt. Wirtschaftspolitische Probleme sind ja Gegenstand verschiedener Untersuchungen. Als überzeugendes Beispiel kann ich die Ihnen wohlbekannten Thesen anführen, die über die Probleme der Intensivierung des volkswirtschaftlichen Reproduktionsprozesses zur Erhöhung der Effektivität der gesellschaftlichen Produktion von einer Arbeitsgruppe für die 6. Tagung des Wissenschaftlichen Rates ausgearbeitet wurden. In ihnen finden Sie eine Reihe wirtschaftspolitischer Probleme. Da ist zum Beispiel die Frage der Entwicklung der Hauptproduktivkraft, nämlich des werktätigen Menschen. Eine Frage, die uns gleich ins Dickicht tausendfältiger, sich gegenseitig bedingender Zusammenhänge führt, die mit den Produktionsverhältnissen, dem Konsum, der Bildung und Erziehung, dem Gesundheitsdienst, der Umweltnutzung, den mannigfaltigsten Dienstleistungen und tausend anderen Beziehungen verbunden sind. Es wird dabei notwendigerweise auch auf die sich aus dem Rat für Gegenseitige Wirtschaftshilfe ergebenden Fragen der Konzentration der Forschung und Produktion, auf die Spezialisierung und Kooperation, auf die weitere Entwicklung von Leitung und Planung, auf Valuta-, Kredit-, Finanz- und Preisbeziehungen, auf die organische Verbindung von zentraler Planung und wirtschaftlicher Rechnungsführung der Betriebe, auf die Anwendung des Prinzips des demokratischen Zentralismus usw. eingegangen. Sie sehen, es handelt sich auch hier um Fragen der Wirtschaftspolitik. Warum wählten wir nicht einen ähnlichen Weg? Warum untersuchen wir nicht die einzelnen Bestandteile der Wirtschaftspolitik? In diesem Falle würden wir zwar zu wertvollen Teilergebnissen gelangen, aber die Teile lassen sich nicht zu einem Ganzen zusammenschweißen.

Im Grunde geht es darum, daß eine Reihe von wirtschaftlichen Entscheidungen, zum Teil recht wichtige Entscheidungen, nicht aus der Fülle der bekannten Tatsachen auf rein wissenschaftlichem, logischem oder mathematischem Wege abgeleitet werden können. Diese Entscheidungen werden gewöhnlich von Parteiinstanzen oder Regierungsorganen getroffen. Jedenfalls von solchen Stellen, die dazu von der Gesellschaft ermächtigt wurden. Sie beruhen im allgemeinen auf politischen Erwägungen. Aus der langen Reihe solcher Entscheidungen seien beispielsweise erwähnt: Wie soll der jährliche Zuwachs des Nationaleinkommens, sofern bereits gefaßte Beschlüsse darüber nicht verfügten, verwendet werden? Sollen Löhne oder eher Altersrenten erhöht werden? Ein wie großer Teil soll dem Akkumulationsfonds und dem Verbraucherfonds zugeführt werden? Wieviel davon soll Verteidigungszwecken, wieviel soll wissenschaftlichen, Gesundheits- und Lehrzwecken dienen? Wie sollen innerhalb eines solchen Bereiches, also zum Beispiel des Gesundheitswesens, die Ausgaben auf die einzelnen Verwendungsmöglichkeiten verteilt werden?

Es bedarf kaum eines näheren Beweises, daß solche und ähnliche Fragen eben nur auf politischer Ebene entschieden werden können. Schon allein daraus folgt, daß die Planung gewisse politische, wirtschaftspolitische Entscheidungen zur Voraussetzung hat und nur auf Grund derselben möglich ist. Auch die verschiedenen aus der Forschung einzelner Teilbereiche abgeleiteten wissenschaftlich wertvollen und für den Teilbereich gültigen Grundsätze lassen sich nur durch die Wirtschaftspolitik zu einem einheitlichen Ganzen zusammenschweißen. Wenn also bei der Lenkung der Wirtschaft Fehler unterlaufen können, so handelt es sich eben um Fehler der Wirtschaftspolitik. Alle die Arbeiten, die der Vervollkommnung der Planung, der Hebung der Effektivität der Investitionen, der Steigerung der Arbeitsproduktivität usw. gewidmet sind, können natürlich wertvoll und äußerst nützlich sein. Sie sind unerläßlich, wenn man die Probleme der Wirtschaftspolitik klären will. Die Wirtschaftspolitik existiert ja nicht außerhalb und unabhängig von der Planung, der Außenwirtschaftspolitik, der Investitionspolitik, der Lohnpolitik usw. All das sind Teile der Wirtschaftspolitik, und die letztere ist die Gesamtheit dieser Teile. Aus demselben Grunde ist sie aber nicht identisch mit den einzelnen Teilen und auch nicht ihre einfache Summe. Was erhoffen wir, was versprechen wir uns von dieser Untersuchung der Wirtschaftspolitik? Wir suchen Antwort auf sehr wichtige Fragen unserer Entwicklung, beispielsweise: Wie und warum kommt es manchmal zu wirtschaftspolitischen Entscheidungen, die sich nachträglich als Fehler erweisen. Dies betrifft zum Beispiel die Zersplitterung, Verteuerung und Verzögerung der Ausführung von Investitionen.

Mit der Aufdeckung der Fehlerquellen sollen auch allgemeinere Fragen beantwortet werden können. Warum ist unsere Entwicklung nicht gleichmäßiger und genauer? Warum kommt es zu gewissen diskontinuierlichen Erscheinungen? Was hemmt und verlangsamt auf vielen Gebieten den wissenschaftlich-technischen Fortschritt? Warum äußert sich die Überlegenheit des sozialistischen Wirtschaftssystems dem kapitalistischen gegenüber nicht immer und auf allen Gebieten mit großer Überzeugungskraft? Kaum ein Jahr nach Beginn unserer Arbeit können wir uns natürlich noch nicht besonderer Erfolge oder Entdeckungen rühmen. Einstweilen besteht unsere Aufgabe zum Teil darin, die sehr vielseitigen Beziehungen und Zusammenhänge aufzudecken, die bei wichtigen wirtschaftspolitischen Entscheidungen berücksichtigt werden müssen. Fehlerhafte Entscheidungen werden ja immer infolge Vernachlässigung wichtiger Beziehungen und Zusammenhänge getroffen. Es scheint uns daher der Mühe wert, die vielseitigen Beziehungen aufzudecken, die gegebenenfalls die Verwirklichung wirtschaftspolitischer Entscheidungen fördernd oder hemmend beeinflussen können. Daß die großen Bereiche der Wirtschaft eng miteinander verbunden sind und sich gegenseitig stark beeinflussen können, ist allgemein bekannt. Es ist bekannt, daß eine unzureichende Stromerzeugung beziehungsweise Versorgung zu Einschränkungen des Stromverbrauchs in den Fabriken, damit zu Einschränkungen in der Produktion und in den Haushalten führen kann. Das bedeutet die Zunahme des Defizits der Zahlungsbilanz, Einschränkungen des Imports und Verknappung verschiedener Konsumartikel. Das sind jedoch Zusammenhänge, die auf der Oberfläche liegen.

Es gibt andere, nicht minder wichtige, aber weniger auffällige gegenseitige Beziehungen. Bei der Planung einer größeren Investition muß natürlich nicht nur mit dem Bau und den Einrichtungen derjenigen Objekte gerechnet werden, die dem unmittelbaren Zweck der Investitionen dienen, sondern auch damit, daß Wasser, Elektrizität und Gas zum Ort gebracht, möglicherweise auch Wohnungen gebaut werden müssen. Aber die Auswirkungen einer größeren Investition sind viel weitreichender und vielseitiger. Während und nachdem sie vollzogen wird, trägt sie durch die eigene Nachfrage und das eigene Angebot zur Formung von Produktion und ihrer Struktur bei, bewirkt Änderungen, möglicherweise wesentliche im Außenhandel, wahrscheinlich auch in der Zahlungsbilanz und kann bedeutende Veränderungen in den Siedlungs- und Verkehrsverhältnissen sowie in der Arbeitskräftebilanz hervorrufen, erfordert Wachstum und Verschiebungen in der Infrastruktur einschließlich Wohnungsbau, Kinderkrippen, Kindergärten, Schulen, Geschäfte und ähnliches. Sie kann neue Ansprüche an den Unterricht und die Ausbildung stellen. Alle bedeutenden wirtschaftlichen Ereignisse, unabhängig davon, wo sie sich ereignen, weisen ähnlich vielseitige und weitverzweigte Wirkungen, Zusammenhänge, Beziehungen und Verflechtungen auf. Es müssen natürlich nicht alle diese Zusammenhänge und Beziehungen aufgespürt werden. Das ist auch gar nicht möglich. Wichtig hingegen ist, daß alle bedeutenden wirtschaftspolitischen Entscheidungen möglichst unter Erwägung ihrer gesamtwirtschaftlichen Auswirkungen getroffen werden, daß keiner der wichtigen Zusammenhänge übersehen wird. Vergessen wir dabei nicht, daß die Handlungen aller Personen, die am Reproduktionsprozeß teilnehmen, durch Produktionsverhältnisse vermittelt werden und nur im Rahmen dieser Produktionsverhältnisse möglich sind. Mit anderen Worten: Die Produktionsverhältnisse bilden die Bedingungen, unter denen die Menschen handeln und der Reproduktionsprozeß vor sich geht. Diese Bedingungen sind sehr verschiedenartig. Sie umfassen unter anderem das Lohnsystem, das Verhältnis der zentralen Wirtschaftsorgane zu den Betrieben, die Regelung der Wirtschaftsführung, die Verteilung des Einkommens der Betriebe, die Möglichkeit der Erweiterung der Produktion, die Anschaffung von Produktionsmitteln, die Arbeitsverhältnisse und -bedingungen der Werktätigen und vieles andere.

Wie bekannt, sind die Produktionsverhältnisse ein viel konservativeres Element der Wirtschaft als die Produktivkräfte. Die letzteren entwickeln sich infolge der Entwicklung der Technik, der Wissenschaft, der wachsenden Qualifizierung der Werktätigen. Allerdings entwickeln sie sich im Rahmen der Produktionsverhältnisse. Und dieser Rahmen kann für sie breit genug sein, um eine allseitige Entwicklung zu sichern, kann aber auch eng sein und die Entwicklung hemmen. Die Wirtschaftspolitik verfügt über eine große Zahl von Mitteln zur Beeinflussung und Gestaltung der Produktionsverhältnisse. Es ist offenbar eine der wichtigsten Aufgaben der Wirtschaftspolitik, die Gestaltung der Produktionsverhältnisse so zu beeinflussen, daß solche Bedingungen für die Tätigkeit der Werktätigen der Betriebe, Organe und Institutionen geschaffen werden, die die Entwicklung der Produktivkräfte ermöglichen und beschleunigen. Die Bedingungen, unter denen die Werktätigen handeln und die Betriebe, Organe und Institutionen ihre Tätigkeit ausüben, sollen also möglichst zu einer Steigerung der Arbeitsproduktivität beitragen, und zwar durch Förderung des wissenschaftlich-technischen Fortschritts, der Vervollkommnung der Arbeitsplätze und der Kooperation sowie der Leitung und Planung der Volkswirtschaft.

Warum ist das eine Aufgabe der Wirtschaftspolitik und nicht etwa eine Ressortaufgabe der Betriebe, Organe, der Ministerien, Räte sowie der ihnen unterstellten Organe? Zum Teil handelt es sich tatsächlich um Ressortaufgaben, die zur Kompetenz der Ministerien oder anderen Regierungs- oder Wirtschaftsorgane gehören. Dies ist aber nur dann der Fall, wenn es um Bedingungen geht, welche die Tätigkeit innerhalb der Betriebe und Organe regeln oder ermöglichen, die zu einem und demselben Ministerium oder sonstigem Organ gehört. Geht es aber um die Beeinflussung oder Gestaltung der Produktionsverhältnisse ganzer Wirtschaftszweige oder gar der gesamten Wirtschaft, so ist das natürlich nicht mehr Sache eines Ministeriums, sondern eben der Wirtschaftspolitik. Die Wichtigkeit dieser Aufgabe folgt aus dem Umstand, daß letzten Endes die Verwirklichung eines jeden Planes wie ja der ganzen Wirtschaftspolitik sich in der Praxis entscheidet, also eben in der Tätigkeit der Betriebe und wirtschaftsleitenden Organe. Da müssen sich die Vorstellungen und Willensäußerungen der Wirtschaftspolitik bewähren. Da zeigt es sich erst, ob sie voll und ganz oder nur zum Teil oder überhaupt nicht verwirklicht werden können.

Was nun den eigentlichen Inhalt der wirtschaftspolitischen Entscheidungen anbelangt, so können wir sagen, sie müssen vor allem die der sozialistischen Gesellschaft vorteilhafteste Verteilung der gesellschaftlichen Arbeitszeit fördern. Wie findet man aber die bestmögliche Verteilung der gesellschaftlichen Arbeitszeit? Wie soll und wie kann überhaupt festgestellt werden, welche die für die Gesellschaft vorteilhafteste Art der Ausführung aller vom gesellschaftlichen Standpunkt aus notwendige Tätigkeit ist? Selbst wenn man nur die viel einfachere Frage der materiellen Produktion stellt, also die Frage: Was, wo und wie produziert werden soll, stößt man auf teils unüberwindliche Schwierigkeiten. Arbeitskraft und Produktionsmittel stehen der Gesellschaft in begrenzter Menge zur Verfügung. Gegenüber der begrenzten

Menge von Arbeitskraft und Produktionsmitteln steht aber bekanntlich eine fast unbegrenzte Zahl effektiver Verwendungsmöglichkeiten, das heißt stehen sehr viele wohlbegründete, anscheinend vollkommen berechtigte Ansprüche. Auf Grund welcher Kriterien kann und soll man da die allgemeinen Interessen geltend machen? Da nicht alle Ansprüche befriedigt werden können, müssen eben Prioritäten geltend gemacht werden, und um sie geltend zu machen, müssen Rangordnungen bestimmt werden. Solche Rangordnungen setzen aber das Vorhandensein einer von der Gesellschaft gutgeheißenen Konzeption der Entwicklung der Gesellschaft voraus. Fehlt eine solche Konzeption als Grundlage der Wirtschaftspolitik, so besteht unserer Erfahrung nach die Gefahr, daß Präferenzen und Prioritäten nicht konsequent geltend gemacht und mehr Ansprüche anerkannt werden, als tatsächlich befriedigt werden können. Jedenfalls hat die Wirtschaftspolitik die Aufgabe, die Produktionsverhältnisse so zu gestalten, daß sie nicht nur entsprechende Formeln für die vielseitige Entwicklung der Produktivkräfte werden, sondern auch die Übereinstimmung der verschiedenen, zum Teil entgegengesetzten Interessen ermöglichen. Die eben besprochene und wie bemerkt grundlegende Aufgabe der Wirtschaftspolitik ist besonders bei der Planung von großer Wichtigkeit. Ihre richtige Lösung ist eine Grundbedingung der Steigerung der Arbeitsproduktivität. Nicht minder wichtig ist aber die früher besprochene Aufgabe der Sicherung solcher Bedingungen für die Tätigkeit der wirtschaftsleitenden Organe und der Werktätigen, welche die allseitige Entwicklung der Produktivkräfte begünstigen. Der bedeutende Unterschied zwischen diesen beiden Aufgaben muß besondere Aufmerksamkeit finden.

Bei der Herausarbeitung der wirtschaftspolitischen Konzeption, insbesondere der Bestimmung von Rangordnungen, der Geltendmachung von Prioritäten, geht es zumeist um einzelne Entscheidungen, und es gibt wenig Platz für einen Automatismus. Im Fall der erwähnten Bedingungen geht es um die alltägliche Praxis. Und da ist es natürlich erstrebenswert, einen Automatismus walten zu lassen, der in der wirtschaftspolitisch erwünschten Richtung wirkt und einen großen Teil der Einzelentscheidungen überflüssig macht.

Bevor ich abschließend auf das Verhältnis von Wirtschaftspolitik und intensiv erweiterter Reproduktion zu sprechen komme, will ich dem bisher Gesagten nur kurz einige Ergänzungen hinzufügen: Erstens. Die Wirtschaftspolitik umfaßt viele mehr oder weniger auch selbständig auffaßbare und studierbare Teile. Jeder Teil hat seine Eigengesetzmäßigkeit, die bei wichtigen Entscheidungen natürlich mit in Betracht gezogen werden muß. Kennt man die Zusammenhänge nicht oder läßt sie außer acht, so kann es vorkommen, und es kommt nicht selten vor, daß die unbeachtet gelassene Nebenwirkung eine größere Bedeutung gewinnt als das Ziel, das man durch die Entscheidung erreichen wollte, und daß man zwar das Ziel erreicht, aber um einen Preis, den es nicht wert war.

Zweitens ist Wirtschaftspolitik Teil eines größeren Ganzen, nämlich der Politik. Die wichtigsten wirtschaftspolitischen Entscheidungen sind immer gleichzeitig politische Entscheidungen, müssen folglich mit der Politik, die ja Ausdruck der wichtigsten Zielsetzungen der Gesellschaft ist, konform sein.

Mein letzter Hinweis bezieht sich auf Zusammenhänge der Wirtschaft und der Wirtschaftspolitik mit breiten Gebieten des gesellschaftlichen Lebens, die nicht unmittelbar wirtschaftlicher Natur sind. Die Handlungen der Menschen sind im allgemeinen bewußte, vom Bewußtsein geleitete Handlungen. Das Bewußtsein wird vom gesellschaftlichen Sein bestimmt. Aber es leben im Bewußtsein auch Überlieferungen älterer Geschlechter entschwundener oder im Entschwinden befindlicher Formen des gesellschaftlichen Seins. Auch das heutige gesellschaftliche Sein, das im Grunde genommen das Sein einer sozialistischen Gesellschaft ist, ist nicht frei von Überresten des Gestrigen und bringt auch, allerdings in stets abnehmendem Maße, Erscheinungen hervor, die nicht im vollen Einklang mit einer sozialistischen Gesellschaft sind. Bewußtsein kann folglich, und das beweisen unter anderem täglich zahlreiche Beispiele des sozialistischen Wettbewerbs, ein mächtiger Hebel des gesellschaftlichen Fortschritts sein. Es kann aber auch, und dafür gibt es nicht wenig Beispiele, in Gestalt von Vorurteilen, Egoismus, Opportunismus, Karrierismus und dergleichen mehr, ein Hindernis, eine

Bremse des gesellschaftlichen Fortschritts sein. Auch das darf bei wirtschaftspolitischen Entscheidungen nicht vergessen werden.

Gestatten Sie mir zum Schluß noch einige Worte über den Zusammenhang von Wirtschaftspolitik und intensiv erweiterter Reproduktion zu sagen. Bekanntlich ist es kein Zufall und keine willkürliche Entscheidung, wenn neuerdings in den meisten sozialistischen Staaten, allerdings nicht mit demselben Nachdruck, auf die Intensivierung des wirtschaftlichen Reproduktionsprozesses als den hauptsächlichen Weg des weiteren gesellschaftlichen Fortschritts hingewiesen wird. Es handelt sich um eine Gesetzmäßigkeit, und zwar darum, daß die Möglichkeiten der extensiv erweiterten Reproduktion allmählich versiegen. Das aber macht die Intensivierung des Reproduktionsprozesses geradezu zu einer Notwendigkeit. Nun bedeutet die Wirtschaftspolitik, wie wir gesehen haben, unter anderem die Herausarbeitung einer gesamtwirtschaftlichen Konzeption und auf Grund dieser Konzeption die Bestimmung von Rangordnungen und die Geltendmachung von Prioritäten und Präferenzen. Sobald die Fragen der intensiv erweiterten Reproduktion infolge der Entwicklung der Produktivkräfte und der Wirtschaft im allgemeinen unter den gegebenen gesellschaftlichen Verhältnissen in den Vordergrund treten, ist es Aufgabe der Wirtschaftspolitik, der Intensivierung ihren Platz in der Gesamtheit der wirtschaftlichen Entwicklung zuzuweisen. Dabei müssen, wie wir das ebenfalls gesehen haben, die wichtigen, sich gegenseitig bestimmenden und bedingenden Beziehungen und Zusammenhänge möglichst vollständig berücksichtigt werden.

Es hat mich sehr befriedigt, daß in den Thesen, die ihrer Beratung zugrunde liegen, ein ähnliches Herangehen an die Probleme der Intensivierung zum Vorschein kommt. Es wird nicht von Wirtschaftspolitik gesprochen. Es fehlt auch der meiner Meinung nach sehr wichtige Hinweis auf die Konzeption, die Rangordnung und die Prioritäten. Doch die Vielseitigkeit der zu beachtenden Zusammenhänge kommt mit Nachdruck zum Ausdruck. Darin sehe ich gewissermaßen eine Bestätigung unserer eigenen Hauptforschungsrichtung. Werden die Probleme in ihrer ganzen Komplexität angepackt, so schafft das gute Voraussetzungen für die erfolgreiche Lösung.

Gestatten Sie mir daher, meiner Überzeugung Ausdruck zu verleihen, daß Sie sich in Ihrer Untersuchung auf dem richtigen Weg befinden. Ich wünsche Ihnen zu den Beratungen viel Erfolg.

Kurt Walter

ZU PROBLEMEN DER WEITEREN AUSPRÄGUNG DES SOZIALISTISCHEN CHARAKTERS DER ARBEIT UND ZUR GESTALTUNG PERSÖNLICHKEITSFÖRDERNDER ARBEITSBEDINGUNGEN (ARBEITSINHALTE)

Zu den Thesen wird im Zusammenhang mit den Intensivierungsfaktoren festgestellt:

"Indem durch die Beschleunigung des wissenschaftlich-technischen Fortschritts, vor allem durch die sozialistische Anwendung der Errungenschaften der wissenschaftlich-technischen Revolution, neue Quellen für die Steigerung der gesellschaftlichen Arbeitsproduktivität erschlossen werden, werden schrittweise Charakter und Inhalt der Arbeit verändert, wird der Umfang der körperlich schweren und der geistig monotonen Arbeit verringert, wächst der schöpferische Charakter der Arbeit."[1]

Dieser komplizierte Prozeß, der nicht ohne Entwicklungswidersprüche verläuft, erfordert seine weitere allseitige wissenschaftliche Durchdringung. Auch hier vollzieht sich nichts im Selbstlauf. Es ist von Vorteil, daß die Thesen in Gemeinschaftsarbeit entstanden sind und ein reales Bild des theoretischen und praktischen Eindringens in alle wichtigen Probleme der Intensivierung geben. Das bestätigte auch die 6. Tagung des Rates für die wirtschaftswissenschaftliche Forschung bei der Akademie der Wissenschaften. Wir werden verstärkt von der Abstimmung der Standpunkte zur Formulierung der Aufgaben für Wissenschaft und Praxis, zur Diskussion konkreter Lösungsrichtungen übergehen. Auch auf dem Gebiet der Arbeit ist die Gemeinschaftsarbeit entscheidend für die praktische Wirksamkeit der Forschung. Offenbar werden die Gesetzmäßigkeiten der Intensivierung um so besser beherrschbar sein, je mehr die verstärkenden Wechselwirkungen zwischen wissenschaftlich-technischen, ökonomischen und sozialen Aspekten weiter erforscht und gezielt nutzbar gemacht werden. Ein kontinuierliches Wachstum der Arbeitsproduktivität wurde besonders in den letzten Jahren erreicht. Durch die weitere vertiefte Intensivierung nahm der Anteil des Wachstums der Warenproduktion durch die Steigerung der Arbeitsproduktivität, besonders nach dem VIII. Parteitag der SED weiter zu. Trotz dieser Erfolge entspricht das Tempo der Arbeitsproduktivität noch nicht den langfristigen Aufgaben dieses Fünfjahrplanes. Die Grundmittelausstattung der Arbeitsplätze ist schneller gestiegen als der Mechanisierungsgrad. Auch bei der Nutzung des gestiegenen Bildungsniveaus gibt es noch Reserven. (Im einzelnen soll hier nicht auf die Problematik der Reserven im Arbeitsprozeß wie Arbeitszeitausnutzung, Maschinenausnutzung, Schichtkoeffizient und andere eingegangen werden.)

Es soll hier untersucht werden, wie die Mechanisierung und Automatisierung umfassend zur Herbeiführung interessanter und vorwiegend geistig-schöpferischer Arbeitsinhalte genutzt werden kann. Das gilt für das Problem der Verantwortung und ihre konkrete Wahrnehmung durch die Werktätigen, die bei der weiteren Ausprägung des sozialistischen Charakters besondere praktische Bedeutung hat. Gerade die steigenden Fonds, der hohe Anteil von vergegenständlichter Arbeit, über deren Effektivität in hohem Maße an den Arbeitsplätzen entschieden wird, macht die Klassifizierung der Arbeit und der Gestaltung der Arbeitsinhalte immer wichtiger. Neue Berufsbilder mit neuen Arbeitsinhalten entstehen. Ein Dreher an einer traditionellen Drehbank und ein Arbeiter an einer NC-gesteuerten Werkzeugmaschine üben auch dem wesentlichen Arbeitsinhalt nach nicht mehr gleiche Tätigkeiten aus.

Solche Arbeitsinhalte, die sowohl den sozialistischen Persönlichkeiten und Kollektiven entsprechen als auch den von der Technik und Organisation gegebenen materiellen Möglichkeiten Rechnung tragen, entstehen nicht im Selbstlauf. Ihre Lösung ist wesentlicher Bestandteil der Intensivierung. Sie können nicht die Folge eines sogenannten "traditionellen" Herangehens sein, bei dem oftmals noch zu einseitig die Technik die Grundlage bildet. Ein Beispiel dafür ist die Feststellung im Material zur WAO-Konferenz des VEB Sachsenring Zwickau (Januar 1974), dort heißt es: "Die oftmals einseitig technische Entwicklung trat dabei allmählich in den Hintergrund. In zunehmendem Maße setzte sich die Erkenntnis durch, daß die Zielstellung der sozialistischen Rationalisierung erst dann erfüllt ist, wenn gleichzeitig

Arbeits- und Umweltbedingungen entstehen, die in ihrer Gesamtheit Leistungsbereitschaft, Initiative und Wohlbefinden der Werktätigen und Kollektive ständig fördern."

Arbeitsbedingungen, die der gewachsenen Qualifikation der Persönlichkeits- und Kollektiventwicklung Rechnung tragen, stellen eine weitere Ausprägung des sozialistischen Charakters der Arbeit dar. Sie sollten ihre volle Berücksichtigung bereits in der Projektierung künftiger Arbeitsprozesse finden. Es gilt, die damit verbundenen theoretischen und ökonomischen Probleme der Stimulierung und der Effektivität weiter zu erforschen.

Es geht in Auswertung sowjetischer und eigener Erfahrungen besonders darum:

1. Bei der Bestimmung des Charakters der Arbeit besteht ein entscheidendes Problem darin, die sozialökonomische Determiniertheit hervorzuheben. Die Arbeit ist ihrem Wesen nach nicht nur eine physiologische, sondern eine sozialökonomische Kategorie. Es gilt, was Karl Marx und Friedrich Engels im Kommunistischen Manifest schrieben: "In der bürgerlichen Gesellschaft ist die lebendige Arbeit nur ein Mittel, die aufgehäufte Arbeit zu vermehren. In der Kommunistischen Gesellschaft ist die aufgehäufte Arbeit nur ein Mittel, um den Lebensprozeß der Arbeiter zu erweitern, zu bereichern, zu befördern."[2]

Der Charakter der Arbeit ist im Sozialismus ein Ausdruck dafür, welchen Stand die Werktätigen in der Ausnutzung der Natur und der Gestaltung der Beziehungen untereinander erreicht haben.

2. Der Charakter der Arbeit wird bekanntlich sowohl durch die Produktivkräfte als auch durch die Produktionsverhältnisse bestimmt. Es geht um die dialektischen Wechselbeziehungen. Bei der Gestaltung der entwickelten sozialistischen Gesellschaft wird die materiell-technische Basis ständig qualitativ und quantitativ erweitert. Es geht vor allem um die allseitige Entwicklung des sozialistischen Menschen mit seinen Fähigkeiten, seiner Initiative und seinem Leistungsverhalten und um die Nutzung der neuen Möglichkeiten, die der wissenschaftlich-technische Fortschritt, die wissenschaftlich-technische Revolution bieten.

3. Der Inhalt der Arbeit umfaßt nicht nur die einzelne Arbeitsaufgabe, sondern auch das Verhältnis der Menschen zueinander, die unter sozialistischen Bedingungen der Produktion zugrunde liegende Zielstellung. Das heißt, der Inhalt der Arbeit ist wesentlich mehr als die Verrichtung bestimmter Funktionen im Arbeitsprozeß. Neben den sehr differenzierten Problemen der konkreten Arbeitsinhalte, die vom unterschiedlichen Niveau der technischen Ausrüstung der Arbeit abhängen, werden - das lehrt besonders der erfolgreiche sozialistische Wettbewerb - die Rolle der sozialistischen Eigenschaften der Werktätigen wie die kameradschaftliche gegenseitige Hilfe, das Streben nach Qualifizierung und höherer Verantwortung immer bedeutsamer. Die sozialökonomische Seite dieser Problematik ist stärker zu beachten. Das beweisen auch soziologische Untersuchungen unseres Instituts. Neben der technologisch bedingten Seite der Arbeitstätigkeit ist wichtig, wie gearbeitet wird, wie der Stand der Arbeitszufriedenheit und das Niveau der Kollektivbeziehungen sind.

Die Initiative der Werktätigen, ihre Bereitschaft zur aktiven Teilnahme an der Planung und Leitung hängen vor allem

- vom planmäßigen kontinuierlichen Ablauf der Arbeitsprozesse,
- von den konkreten Arbeitsbedingungen und einem progressiven Arbeitsinhalt,
- vom Stand der Arbeitsnormung und Arbeitsdisziplin und
- von der Gestaltung des materiellen und ideellen Anreizes

ab.

Diese Initiative, Qualifikation und Verantwortung sind immer wichtige Faktoren der Intensivierung. Es ist Ausdruck des gestiegenen gesellschaftlichen Verantwortungsbewußtseins, wenn viele Arbeiter deutlich auf ihre eigenen Reserven und Leistungspotenzen aufmerksam machen. Hier entstehen neue Reserven und neue Bedürfnisse. Sie erfordern eine noch tiefere Durchdringung der Einheit von Steigerung der Arbeitsproduktivität und Verbesserung der Arbeits- und Lebensbedingungen. Sie erfordern von uns die weitere Ausarbeitung und Erprobung von Faktoren der Arbeitsproduktivitätssteigerung, die dieser Entwicklung besser entsprechen. Dabei stoßen wir auf das

Problem der Effektivität des Reproduktionsprozesses unter dem Gesichtspunkt von langfristigen und kurzfristigen Wirkungen.

Es wird deutlich, daß mit steigender Grundfondsausstattung und steigender Qualifikation der Werktätigen auch Probleme der langfristigen Effektivität und entsprechender Effektivitätskriterien, die der Entwicklung des subjektiven Faktors geschuldet sind, an Bedeutung gewinnen. Höhere Ansprüche an Wissen und Kenntnisse sind nicht nur allgemeine Tendenzen. Sie sind immer mit konkreten Arbeitstätigkeiten verbunden. Das Vorgehen nach Mechanisierungsstufen und die damit zusammenhängende Klassifizierung der Arbeitsplätze sind ein Weg auch zur langfristigen quantifizierbaren Lösung.

Unter Nutzung der Erfahrungen der Sowjetunion haben wir in den letzten Jahren, gestützt auf die Erkenntnisse der sozialistischen Arbeitswissenschaften, Fortschritte bei der Lösung sozialer Probleme im Arbeitsprozeß durch die Anwendung der wissenschaftlichen Arbeitsorganisation erzielen können. Durch ein wissenschaftlich-begründetes Vorgehen bei
- der Teilung und Kooperation der Arbeit,
- der Versorgung der Arbeitsplätze,
- der Einführung progressiver Methoden und Verfahren,
- der Vertiefung und Erweiterung der Arbeitsnormung,
- der materiellen und ideellen Stimulierung der Werktätigen sowie
- der Vervollkommnung der Arbeitsbedingungen und der Arbeitsumwelt

wurde die planmäßige Gestaltung der Arbeitsinhalte verstärkt in Angriff genommen.

Bei der konkreten Lösung der Probleme im Arbeitsprozeß stoßen wir auf ein weiteres Problem. Es geht um das Verhältnis von Aufwand und Ergebnis. Oftmals werden soziale Maßnahmen nur oder vorwiegend unter dem Gesichtspunkt ihrer Aufwendungen betrachtet. Das reicht nicht mehr aus. Die Entwicklungsrichtungen der Arbeitsproduktivität und der Arbeitsinhalte sind grundsätzlich einheitlich. Diese Übereinstimmung ist aber nicht selbstverständlich für jede technische und organisatorische Lösung. Beim Übergang zu bestimmten Technisierungsstufen, zum Beispiel zum Fließband oder zum Halbautomaten wächst die Arbeitsproduktivität. Es treten aber auch Tendenzen der Vereinseitigung und Vereinfachung der Arbeit auf. Es kann auch ein Widerspruch zwischen kurz- und langfristigen Effektivitätswirkungen eintreten. Der "unmittelbare Effektivitätszuwachs" kann teilweise mit einer Reduzierung der Möglichkeiten zur vollen Ausprägung der schöpferischen Fähigkeiten der Werktätigen im Arbeitsprozeß verbunden sein. Die realen ökonomischen und materiell-technischen Bedingungen gestatten es andererseits offensichtlich nicht, auf Technisierungsstufen, die mit dem genannten Widerspruch zusammenhängen, zu verzichten. Darum ist dieser Widerspruch auch nicht von vornherein auszuschließen. Es kommt vielmehr darauf an, ihn bei jedem Rationalisierungsvorhaben, bei jeder technisch-organisatorischen Maßnahme, durch Analysen der entstehenden Auswirkungen auf den Inhalt der Arbeit, die Arbeitsanforderungen und Beanspruchung der Werktätigen aufzudecken und so gut wie nur möglich zu lösen. Das beginnt bei der Projektierung und setzt die Planung der Maßnahmen der wissenschaftlichen Arbeitsorganisation voraus. (Es erscheint notwendig, zum Beispiel Vergleiche von Projekten für Investitions- oder Rekonstruktionsmaßnahmen mit beziehungsweise ohne die Nutzung arbeitswissenschaftlicher Erkenntnisse beziehungsweise Standards umfassend zu vergleichen.)

Möglichkeiten dazu bestehen auch unter komplizierten Bedingungen vor allem in

- einer planmäßigen Gestaltung der Arbeitsteilung und -kooperation,
- einem planmäßigen Arbeitsplatzwechsel,
- einer entsprechenden Gestaltung des Arbeitszeit- und Pausenregimes und durch
- die aktive Einbeziehung der Werktätigen in die Neuererbewegung, die Arbeitszeitgestaltung und das gesamte betriebliche Geschehen.

Bei der Sicherung der Einheit von hoher Produktivität und guten Arbeitsbedingungen spielt die Vorbereitungsphase eine entscheidende Rolle. Es geht nicht nur um die Vorausberechnung technischer und ökonomischer Effekte von Rationalisierungsmaßnahmen. Ebenso notwendig ist die vorausschauende Beurteilung der zu erwartenden Arbeitsinhalte und Qualifikationsanforderungen, weil sonst auch die möglichen ökonomischen Ergebnisse nicht voll erzielt werden und nachträgliche Korrekturen oft mit erheblichen ökonomischen Aufwendungen verbunden beziehungsweise nicht mehr durchführbar sind.

Diese Gesichtspunkte müssen auch bei der Projektierung und Konstruktion der Produktionsmittel selbst berücksichtigt werden. Sie bestimmen die Effektivität beim Anwender durch ihre technischen, ökonomischen und arbeitswissenschaftlichen Parameter. Es ist eine wichtige ideologische Aufgabe, die Werktätigen nicht nur für die aktive Mitarbeit bei der Gestaltung ihrer eigenen Arbeitsbedingungen zu gewinnen, sondern auch ihre Verantwortung für die durch ihre Produkte beeinflußten oder bestimmten Arbeitsbedingungen anderer Werktätiger deutlich zu machen. Die Erkenntnis dieser Zusammenhänge ist selbst wesentlicher Produktivitätsfaktor, denn wie Lenin sagte, wird "das beste Beispiel der Organisation der Produktion begleitet sein von einer unvermeidlichen Erleichterung der Arbeit und von einer Steigerung der Verbrauchsmenge für diejenigen, die diese bessere Organisation durchführen."[3]

Zusammenfassend ist festzustellen:

1. Der rasche Fortschritt von Wissenschaft und Technik erhöht nicht nur die Qualität und Quantität der Produktionsmittel, es wächst auch die Kompliziertheit und Komplexität der Produktion selbst. Es wachsen nicht nur die Effektivität und die sozialen Möglichkeiten, sondern es entstehen auch ständig neue Reserven der Arbeitsproduktivität.

2. Die Einheit von Effektivität und sozialem Niveau der Produktion erfordern die einheitliche Organisation und Gestaltung der Produktions- und Arbeitsprozesse. Die Herstellung einheitlicher Wirkungsrichtungen und das abgestimmte Vorgehen von Technologie und Arbeits-, Produktions- und Leitungsorganisation ist eine wichtige Aufgabe auf allen Ebenen der materiellen Produktion und ihrer Vorbereitung.

3. Die wachsende Rolle der Werktätigen, besonders der Arbeiterklasse, für die Erhöhung der Produktivität der Produktion resultiert nicht nur aus der Tatsache, daß ein relativ gleichbleibendes Quantum lebendiger Arbeit ein immer größeres Quantum vergegenständlichter Arbeit in Bewegung setzt. Es geht um das Verständnis und die planmäßige Gestaltung der Wechselbe-

ziehung von sozialistischen Produzenten mit wachsendem ideologischen und Qualifikationsniveau und der Schaffung von solchen Arbeitsbedingungen, die eine höchstmögliche Nutzung des wachsenden Leistungsvermögens der Werktätigen ermöglichen und stimulieren. Die Lösungsrichtungen liegen sowohl in der konkreten Veränderung der Arbeitsinhalte als auch in den Möglichkeiten des systematischen Wechsels von Tätigkeiten.

4. Die Entwicklung und Leistungsbereitschaft der Werktätigen wird in erster Linie durch ihre Rolle und Stellung in der Gesellschaft insgesamt, aber auch durch deren Realisierung im konkreten Arbeitsprozeß bestimmt. Rationelle Organisation der Arbeit bedeutet deshalb immer Schaffung von konkreten Arbeitsinhalten und -bedingungen, die der Initiative und dem Schöpfertum der Werktätigen die jeweiligen konkreten Entfaltungsmöglichkeiten geben.

Die Probleme des Charakters und Inhalts der Arbeit wurden ausführlicher dargelegt, um zu zeigen, bis zu welchen praktischen Konsequenzen die theoretischen Erkenntnisse - auch auf diesem Gebiet - führen. Es wird deutlich: Praktische Erfahrungen und Analysen führen an noch zu lösende theoretische Probleme heran. Das Problem der planmäßigen Gestaltung von Arbeitsinhalten ist eine wichtige Seite der sozialökonomischen Konsequenzen der Intensivierung.

Jetzt geht es darum, alle wesentlichen Faktoren der Intensivierung zu erfassen und weiter tiefgründig zu analysieren. Ihre Auswahl muß auch nach sozialökonomischen Gesichtspunkten erfolgen. Wesentliche Intensivierungsfaktoren dürfen nicht vernachlässigt werden, weil wir ihre Quantifizierung noch nicht voll beherrschen oder weil sie nicht zu kurzfristig spürbaren oder zur Zeit noch nicht erkennbaren Produktivitätseffekten führen.

Aus dieser Sicht sind auch die Fragen der Analyse und Bewertung der Arbeitsproduktivität weiter zu erforschen. Das tiefgründige und umfassende Referat, die Thesen und Diskussion werden auch wertvolle Anregungen für die komplexe Forschung auf dem Gebiet der sozialistischen Arbeit geben.

Anmerkungen

1 Probleme der Intensivierung des volkswirtschaftlichen Reproduktionsprozesses zur Erhöhung der Effektivität der gesellschaftlichen Produktion - unter besonderer Beachtung der entscheidenden Rolle der Arbeitsproduktivität (Thesen), in: Wirtschaftswissenschaft, 1/1974, S. 5.

2 Karl Marx/Friedrich Engels, Manifest der Kommunistischen Partei, in: MEW, Bd. 4, Berlin 1959, S. 476.

3 W.I. Lenin, Die nächsten Aufgaben der Sowjetmacht, in: Werke, Bd. 27, Berlin 1960, S. 195.

Gerd Knobloch

ASPEKTE FÜR DIE THEORETISCHE ERFASSUNG UND PLANMÄSSIGE BEHERRSCHUNG DER STRUKTUR-, PROPORTIONALITÄTS- UND UMWELTPROBLEME IM PROZESS DER INTENSIV ERWEITERTEN REPRODUKTION

Es gibt heute bei uns wohl kaum Meinungsverschiedenheiten darüber, daß der mit dem VIII. Parteitag der SED eingeleitete Weg der intensiv erweiterten Reproduktion bedeutende Strukturveränderungen in der Volkswirtschaft zur Bedingung und Folge hat. Damit treten auch neue grundlegende Probleme der Sicherung der planmäßig proportionalen Entwicklung auf. Außerdem sind diese Prozesse heute in zunehmendem Maße mit größeren Problemen in der Reproduktion der natürlichen Umweltbedingungen verbunden.

Zieht man die gegenwärtigen realen Reproduktionsbedingungen der DDR-Wirtschaft in Betracht und berücksichtigt man die Anforderungen, die

- die wissenschaftlich-technische Revolution,
- die sozialistische Wirtschaftsintegration sowie
- die Lebensweise der entwickelten sozialistischen Gesellschaft

an die Volkswirtschaft stellen, so läßt sich feststellen, daß die bevorstehenden Aufgaben der Strukturgestaltung, der Proportionalitätssicherung sowie der Umweltnutzung den in den 50er und 60er Jahren gelösten Problemen an Gewicht und Umfang kaum nachstehen, vielleicht sogar noch bedeutender, zumindest aber komplizierter sein werden, weil sie in völliges Neuland vorstoßen.

Zunächst möchte ich auf einige Aspekte aufmerksam machen, die aus der Sicht und den Erfahrungen unserer Forschungsarbeiten für die Erfassung und Beherrschung der Intensivierungsfaktoren der Struktur, Proportionalität und Umwelt heute sowohl theoretisch als auch praktisch von besonders aktueller Bedeutung sein dürften.

Dabei soll, anknüpfend an die Ihnen aus der "Wirtschaftswissenschaft", 1/1974, bekannten Thesen sowie an das gestrige Hauptreferat, auf einige weiterführende Aspekte hingewiesen werden, die für das theoretische Erfassen der Probleme und auch für das praktische, planmäßige Beherrschen der Lösungswege unserer Meinung besonders wichtig sind.

Bei den Intensivierungsfaktoren handelt es sich um Faktoren,

- die nur auf gesamtvolkswirtschaftlicher Ebene (zum Teil sogar nur international im Rahmen der sozialistischen Wirtschaftsintegration) ausreichend zu erfassen und zu beherrschen sind und
- die hauptsächlich langfristig wirkende Reproduktionsprozesse betreffen.

Besonders auf dieser (gesamtvolkswirtschaftlichen) Ebene und bei diesen (langfristigen) Wirkungsbedingungen muß unseres Erachtens - wie das auch schon im Hauptreferat zum Ausdruck kam - der Intensivierungsprozeß der Volkswirtschaft konsequent als weiterer Vergesellschaftungsprozeß der Produktion und Arbeit begriffen werden, und zwar als eine Vergesellschaftung, die den Anforderungen und Bedingungen der entwickelten sozialistischen Gesellschaft entspricht, die unter diesen Vorzeichen die wissenschaftlich-technische Revolution sowie die sozialistische Wirtschaftsintegration vollzieht.

Wir werden diesen Anforderungen nicht gerecht, wenn wir die Struktur-, Proportionalitäts- und Umweltprobleme hauptsächlich nur als technisch-ökonomische Probleme des Produktionswachstums und der Effektivität auffassen, wie das noch vor einigen Jahren bei uns sehr verbreitet der Fall war.

Wir müssen zu einer viel globaleren Betrachtung dieser Probleme als Vergesellschaftungsprozeß der weiteren Entfaltung der Produktivkräfte und Produktionsverhältnisse unter den entwickelten sozialistischen Bedingungen kommen, die alle wesentlichen materiell-technischen, sozialen, kulturellen, natürlichen und anderen Faktoren und Bedingungen in ihren wechselseitigen Zusammenhängen umfaßt.

Dabei geht es in erster Linie um ein besseres Erfassen und Beherrschen nicht nur dieser einzelnen Faktoren und Bedingungen, sondern ihrer grundlegenden Systemzusammenhänge und Wechselbeziehungen im volkswirtschaftlichen Reproduktionsprozeß.

- Das betrifft zum Beispiel die sehr vielseitig verflochtenen Zusammenhänge zwischen der weiteren Konzentration und Spezialisierung der Produktion (unter Ausnutzung der modernsten Technik, insbesondere der Automatisierung, im Rahmen der sozialistischen Wirtschaftsintegration) einerseits und der Entwicklung der sozialistischen Lebensweise andererseits.

- Das betrifft die Tatsache, daß mit der konkreten Entwicklung der Produktionsstruktur auch eine ganz bestimmte Konsumtionsweise geschaffen wird (zum Beispiel die Art und Weise des Wohnungsbaus und des Wohnens) und daß umgekehrt auch neue sozialistische Lebensformen ganz bestimmte Produktions- und Verteilungsstrukturen voraussetzen, worauf sich heute besonders die langfristige Investitionspolitik und andere langfristige Strukturentscheidungen einstellen müssen.

In den bereits genannten Thesen in der "Wirtschaftswissenschaft" werden hauptsächlich Strukturprobleme genannt, die vor allem die Aspekte der materiell-technischen Sicherung der Intensivierung betreffen - die Strukturprobleme der Produktionsmittel- und Konsumgüterindustrie, der Energie- und Rohstoffbasis, des Transport-, Nachrichten-, Lager- und Umschlagwesens usw.

Im Hinblick auf die Herausbildung neuer Vergesellschaftungsstufen muß vor allem noch auf einige neuere, heute besonders wichtige Erscheinungsformen der fortschreitenden Vergesellschaftung verwiesen werden, die auch für die intensiv erweiterte Reproduktion zur Durchführung der Hauptaufgabe eine bedeutende Rolle spielen. Dazu gehören insbesondere:

- die Herausbildung des Industrie-Agrar-Komplexes, die mit weiteren, wesentlichen Umgestaltungen der sozialökonomischen Basis der Landwirtschaft verbunden sein wird und die die Überwindung des Widerspruchs zwischen Stadt und Land beschleunigt;

- die verstärkte Entwicklung der Dienstleistungsbereiche sowohl in der materiellen als auch in der nichtmateriellen Sphäre der Volkswirtschaft, die ebenfalls mit bedeutenden sozialökonomischen Prozessen verbunden ist (reale Befreiung der Frau durch Entlastung der Hausarbeit, Sicherung der Reproduktion der Arbeitskraft unter den neuen wissenschaftlich-technischen Entwicklungsbedingungen und nicht zuletzt die besseren Voraussetzungen für die allseitige Entfaltung der sozialistischen Persönlichkeit).

Im Zusammenhang mit diesen neuen Vergesellschaftungsprozessen verdienen auch diejenigen Vergesellschaftungstendenzen eine weitaus stärkere Beachtung, die speziell mit der Notwendigkeit einer intensiveren Nutzung der natürlichen Umwelt sowie der Grundfonds der Infrastruktur verbunden sind. Das betrifft vor allem eine gesellschaftlich effektivere, die Vorzüge des Sozialismus noch besser nutzende Gestaltung der territorialen Organisation der Produktion und der Lebensbedingungen der Bevölkerung.

Wir meinen, daß heute bei uns auch in der theoretischen Diskussion diese Probleme, wenn überhaupt, dann auch noch viel zu isoliert von den Fragen der Arbeitsteilung, Produktionsstruktur und proportionalen Entwicklung behandelt werden.

Ein Hauptaspekt der weiteren Vergesellschaftung ist die direkte und systematische Betrachtung aller wesentlichen Beziehungen und Funktionen des volkswirtschaftlichen Reproduktionsprozesses in bezug auf die Bedürfnisentwicklung und -befriedigung. Es geht dabei um das gemeinsame, planmäßige, gesamtgesellschaftliche Zusammenwirken der unterschiedlichsten Produzenten aus den verschiedenen Zweigen der materiellen Produktion und auch der nichtmateriellen Sphäre für ganz bestimmte gesellschaftliche Zwecke, nämlich die Befriedigung gleichartiger Bedürfnisse. Eine Betrachtung des Einsatzes der gesellschaftlichen Kräfte und Mittel unter diesem Aspekt dürfte zugleich auch bedeutende Quellen der Ökonomie der gesellschaftlichen Gesamtarbeit aufdecken helfen. Insofern bildet die bedürfnisbezogene Betrachtung von gesellschaftlicher Gesamtarbeit auch einen wichtigen Gesichtspunkt für die Intensivierung des volkswirtschaftlichen Reproduktionsprozesses und damit für die Steigerung der gesellschaftlichen Arbeitsproduktivität. Zusammenhängend mit einer solchen Betrachtungsweise des Reproduktionsprozesses hat sich in letzter Zeit bei uns in der DDR die Auffassung durchgesetzt, daß insbesondere bei der langfristigen Planung der Bildung von Bedürfniskomplexen eine zentrale Rolle zukommt.

Die Bedürfniskomplexe sollen das System der Planung nach Produktionsbereichen beziehungsweise -zweigen, das nach wie vor die Basis der Volkswirtschaft bildet, ergänzen (also auf keinen Fall etwa ersetzen!). Mit Hilfe von Bedürfniskomplexen wird es möglich, die Mittel der Bedürfnisbefriedigung, das heißt die Erzeugnisse und Leistungen, nicht mehr nur nach Kriterien ihrer Produktion (wie die Eigenart der Technologien, der verwendeten Rohstoffe oder der hergestellten Erzeugnisse), sondern vielmehr nach Kriterien ihrer Zweckbestimmung, ihrer Verwendung für bestimmte Bedürfnisse der Bevölkerung zu klassifizieren (Ernährung, Bekleidung, Wohnung, Bildung, Kommunikation usw.).

Wir müssen uns mit der vielfältigen theoretischen und praktischen Problematik dieser Bedürfniskomplexe noch sehr gründlich auseinandersetzen. Damit können auch wesentliche Seiten des weiteren Vergesellschaftungsprozesses planmäßig besser erfaßt und beherrscht werden. Das bezieht sich vor allem

- auf die mit dem wissenschaftlich-technischen Fortschritt immer bedeutender werdenden Substitutions-, Verflechtungs- und Präferenzprobleme der Erzeugnisse und Leistungen in der Konsumtionssphäre, die also direkt bei der Bedürfnisbefriedigung auftreten und mit den heute angewandten Verflechtungsbilanzen überhaupt nicht erreicht werden können;
- auf die bessere Erfassung der Zusammenhänge zwischen den volkswirtschaftlichen Grundproportionen und den Grundrichtungen der Bedürfnisbefriedigung - ausgehend von der Tatsache, daß die Bedürfniskomplexe sehr unterschiedlich an diesen Proportionen beteiligt sind (zum Beispiel Ernährung, Bekleidung überwiegend individuelle Konsumtion/Wohnung - nichtproduktive Akkumulation/Bildung, Gesundheitswesen - gesellschaftliche Konsumtion usw.);
- auf die Erweiterung und Präzisierung der volkswirtschaftlichen Effektivitätsbetrachtung, indem - wie schon angedeutet - der volle gesellschaftliche Aufwand unmittelbar auf die zu befriedigenden Bedürfnisse, also nicht nur auf die erzeugten Produkte, bezogen wird.

Unter dem Aspekt der Bedürfniskomplexe wird auch eine bessere ökonomische Einschätzung der Anwendung individueller oder gesellschaftlicher Formen der Bedürfnisbefriedigung (zum Beispiel auf dem Gebiet der Speisewirtschaft, der Wäschereinigung oder des Verkehrswesens) möglich sein.

Das betrifft Prozesse, die für die Entwicklung der sozialistischen Lebensweise, die Erhöhung des Nutzeffekts der gesellschaftlichen Gesamtarbeit und auch für eine rationellere Nutzung des Naturpotentials bei der intensiv erweiterten Reproduktion der Volkswirtschaft erstrangige Bedeutung gewinnen.

Im Rahmen der Bedürfniskomplexe lassen sich offensichtlich die materiellen Bedingungen für die allseitige Entfaltung der Persönlichkeit und produktiven Potenzen der Menschen, auf deren Entwicklung der gesamte volkswirtschaftliche Reproduktionsprozeß im entwickelten Sozialismus noch konsequenter ausgerichtet werden muß, wesentlich differenzierter und zweckgebundener erfassen. Dazu gehören auch die Reproduktionsbedingungen des Naturpotentials, denn es ist unerläßlich, die Bedürfnisse nach materiellen Gebrauchswerten und die nach einer menschenwürdigen Umwelt so miteinander zu verbinden, daß mit der Entfaltung der Persönlichkeit und produktiven Potenzen der Menschen auch die entsprechende Entwicklung des Naturpotentials gewährleistet wird. Auf keinen Fall darf eine Entwicklung eines materiellen Wohlstandes zu Lasten der Umweltqualität zugelassen werden.

Neben den Bedürfnisaspekten und in Verbindung mit ihnen scheint uns eine weitere Grundfrage des gesellschaftlichen Reproduktionsprozesses theoretisch und praktisch immer bedeutender zu werden - die allseitige und komplexe Erfassung und Beherrschung der Zeitaspekte und -faktoren - also die Anwendung des Gesetzes der Ökonomie der Zeit unter den neuen Entwicklungsbedingungen des Vergesellschaftungsprozesses. Neben der Bedürfnisbefriedigung ist die Zeitökonomie die andere effektivitätsbestimmende Komponente für die Lösungen der Struktur-, Proportionalitäts- und Umweltprobleme im Intensivierungsprozeß der Volkswirtschaft. Es geht um das Grundproblem, daß - wie Marx in den "Grundrissen" bemerkte - die Allseitigkeit der Entwicklung der Gesellschaft, ihres Genusses und ihrer Tätigkeit von der Zeitersparung und von ihrer zweckmäßigen Zeiteinteilung zur Befriedigung all ihrer Bedürfnisse abhängt.[1]

Dabei kommt es uns hauptsächlich auf die zusammenhängende, komplexe Betrachtung aller Zeitaspekte und -faktoren und ihrer Wechselwirkungen an:

- der gesamten Zeitverwendung für die Produktion und Konsumtion;

- des Zusammenhanges von Arbeits- und Freizeit sowie von Zeit für die notwendige Arbeit und Mehrarbeit bei der Befriedigung der verschiedenen Bedürfnisse, darunter beispielsweise auch der Zeit für die Hausarbeit und gesellschaftliche Arbeit oder der zunehmenden notwendigen Zeit für die Reproduktion der natürlichen Umwelt;

- der Verbindungen zur Produktions- und Zirkulationszeit im Reproduktionsprozeß und zu den Durchlaufzeiten der gesellschaftlichen Produkte durch die verschiedenen Produktionsstufen usw.

Wir sind bisher über erste theoretische Sondierungen und einige spezielle analytische Untersuchungen dieses großen Problemkomplexes noch nicht hinausgekommen, meinen aber, daß es für die Weiterführung der Diskussion der Probleme unserer Arbeitsgruppe notwendig ist, zumindest auf diese wichtigen Fragestellungen hinzuweisen.

Im Mittelpunkt unserer Überlegungen steht dabei das Problem der Gewinnung disponibler Zeit (der Arbeits- und Freizeit) für die sich erweiternden und neu zu befriedigenden Bedürfnisse. Das ist eine unerläßliche Voraussetzung für die Durchführung von Strukturveränderungen und ein wesentlicher Gesichtspunkt für die Erhöhung der Akkumulationskraft unter den Bedingungen der intensiv erweiterten Reproduktion. Eine bedeutende Rolle spielen in diesem Zusammenhang auch die mit den volkswirtschaftlichen Umverteilungsprozessen auftretenden Disponibilitäts-, Mobilitäts- und Flexibilitätsprobleme besonders bei den Arbeitskräften und Produktionsmitteln. Hier werden wiederum auch die bereits erwähnten Probleme einer effektiveren territorialen Organisation berührt.

Ich habe versucht, einige Grundfragen unserer Thematik darzulegen, wie sie sich aus dem Blickwinkel der Forschungsarbeiten unseres Bereichs darstellen. Ich habe bewußt dabei einige Aspekte stärker herausgestellt, die bisher weniger im Brennpunkt der Diskussionen standen, obwohl sie für die Lösung der Struktur-, Proportionalitäts- und Umweltprobleme im Intensivierungsprozeß der Volkswirtschaft und damit natürlich auch für die Steigerung der gesellschaftlichen Arbeitsproduktivität außerordentlich bedeutungsvoll sind.

Wenn auf diese Weise solche weiteren Grundfragen unserer Thematik wie Entwicklung des wissenschaftlich-technischen Fortschritts, der sozialistischen Wirtschaftsintegration, der Veränderungen der Zweigstruktur oder der Entwicklung volkswirtschaftlicher Grundproportionen weniger hervorgehoben wurden, dann nicht, weil wir sie für weniger wichtig halten, sondern weil wir anstreben, diese Struktur- und Proportionalitätsprobleme eben unter den hier dargelegten Aspekten zu betrachten. Außerdem wird darauf zum Teil auch in anderen Konferenzgruppen näher eingegangen.

Ich nehme auch an, daß heute noch in anderen Diskussionsbeiträgen die von uns zunächst außer acht gelassenen Fragen direkt angesprochen werden, denn eine Behandlung des Vergesellschaftungsprozesses, der Bedürfnisbefriedigung oder der Zeitökonomie ist selbstverständlich ohne die gebührende Berücksichtigung der Rolle des wissenschaftlich-technischen Fortschritts, der sozialistischen Wirtschaftsintegration, der Zweigstrukturveränderungen oder der Entwicklung volkswirtschaftlicher Grundproportionen völlig undenkbar.

In der Diskussion gab es viele wertvolle Anregungen für ein allseitiges und tiefergehendes Erfassen und Beherrschen der von uns umrissenen Problematik. Es wurde dabei insbesondere auf folgende Probleme eingegangen:

- Effektivität und Struktur der Investitionen im Zusammenhang mit der Entwicklung des Volkswohlstandes und dem wissenschaftlich-technischen Fortschritt;
- Zusammenhänge volkswirtschaftlicher Grundproportionen, insbesondere von Nationaleinkommen und Nettogeldeinnahmen der Bevölkerung, von individuell angeeignetem Produkt und Mehrprodukt, von Akkumulation und Konsumtion (darunter der Entwicklungstendenzen der Rate der produktiven Akkumulation);
- Zusammenhänge von Produktions- und Territorialstruktur, Fragen der territorialen Angleichung;
- Probleme der zusammenhängenden Planung der Produktionsentwicklung, der sozialen Faktoren und der natürlichen Umweltbedingungen;

- die sozialistischen Zielsetzungen, ihre Bewertungsprobleme sowie die Beherrschung der Zeitaspekte im Prozeß der intensiv erweiterten Reproduktion.

Schon diese kurze Aufzählung zeigt einerseits, wie breit, vielfältig und kompliziert die zu beherrschenden Beziehungen sind, daß andererseits aber auch von allen Diskussionsrednern eindringlich die Notwendigkeit einer zusammenhängenden und zusammenfassenden Betrachtung bekräftigt wurde.

Für unsere weitere Forschungsarbeit wird es in Auswertung dieser Arbeitstagung notwendig sein,

1. die Orientierung auf die Untersuchung der komplexen Systemzusammenhänge des Reproduktionsprozesses noch konsequenter vorzunehmen,

2. noch gründlicher die Zusammenhänge der volkswirtschaftlichen Grundproportionen mit den Grundrichtungen der Bedürfnisbefriedigung unter den Bedingungen der intensiv erweiterten Reproduktion in der entwickelten sozialistischen Gesellschaft zu untersuchen,

3. besonders aufmerksam die Wirkungen der neueren Erscheinungen des wissenschaftlich-technischen und sozialen Fortschritts im volkswirtschaftlichen Reproduktionsprozeß zu verfolgen, so zum Beispiel

- die Reproduktion der natürlichen Umwelt,
- das Energie- und Rohstoffproblem,
- die Entwicklung der Infrastruktur,
- die Herausbildung des Agrar-Industrie-Komplexes,
- die Entwicklung der Dienstleistungsbereiche, insbesondere der nichtmateriellen Sphäre

und anderes mehr,

4. sich stärker mit den Zukunftswirkungen der langfristigen Reproduktionsprozesse auseinanderzusetzen, so vor allem mit den Wirkungen unserer heutigen Investitionsentscheidungen auf unsere künftige Lebensweise.

Ganz allgemein geht es um das wesentlich tiefere Eindringen in die Wechselbeziehungen zwischen der Entwicklung der materiall-technischen Basis und der sozialökonomischen Entwicklung unter den Zielsetzungen der entwickelten sozialistischen Gesellschaft, die den Übergang zum Kommunismus vorbereitet.

Anmerkungen

1 Karl Marx, Grundrisse der Politischen Ökonomie, Berlin 1953, S. 89.

Gerhard Richter

DIE WECHSELBEZIEHUNGEN ZWISCHEN DEN GRUNDLEGENDEN ELEMENTEN DES PRODUKTIONSPROZESSES BEI DER DURCHSETZUNG DER INTENSIVIERUNG

In der politökonomischen Forschung über die Intensivierung des Reproduktionsprozesses nehmen die Wechselbeziehungen zwischen den grundlegenden Elementen des Produktionsprozesses, also Arbeitskraft, Arbeitsmittel und Arbeitsgegenstand, mit Notwendigkeit eine zentrale Stellung ein, denn

- alle Faktoren der Intensivierung wirken vorwiegend und direkt über die grundlegenden Elemente des Produktionsprozesses,
- der Produktionsprozeß ist trotz zunehmender Verflechtung mit anderen Bereichen und Sphären menschlicher Tätigkeit das Kernstück des Reproduktionsprozesses,
- über die Erfordernisse der Entwicklung der grundlegenden Elemente des Produktionsprozesses wird die Verteilung der gesellschaftlichen Arbeit insgesamt weitestgehend bestimmt,
- die optimale Kombination der grundlegenden Elemente des Produktionsprozesses als dynamischer Prozeß ist Hauptgegenstand der gesamten Leitung, Planung und Stimulierung in der Volkswirtschaft.

Die Diskussion trug dazu bei, die Wechselbeziehungen zwischen den grundlegenden Elementen des Produktionsprozesses bei der Durchsetzung der Intensivierung unter drei Aspekten deutlich zu machen:

a) in ihrem Einfluß auf die Gestaltung der einzelnen Elemente selbst,

b) im Verhältnis zwischen der materiellen Produktion und den anderen Bereichen gesellschaftlicher Tätigkeit,

c) in der Erhöhung der Effektivität der gesellschaftlichen Produktion und des gesamten Reproduktionsprozesses.

Die Orientierung im Hauptreferat und in den Thesen, die Intensivierung als sozialökonomischen Prozeß zu erforschen und zu verwirklichen, stellt in Übereinstimmung mit den Erkenntnissen der marxistisch-leninistischen politischen Ökonomie die Arbeiterklasse in doppelter Hinsicht in den Mittelpunkt der Intensivierung: als Träger des gesellschaftlichen Fortschritts, als das "belebende Feuer der Produktion" einerseits und als Ziel aller gesellschaftlicher Tätigkeit in bezug auf die vordringliche Erhöhung ihres materiellen und kulturellen Lebensniveaus andererseits.

Die qualitative Entwicklung des gesellschaftlichen Arbeitsvermögens vor allem durch die allseitige Qualifizierung der Arbeiterklasse ist sowohl Voraussetzung als auch Ergebnis der durchgängigen Intensivierung und hat wesentlichen Einfluß auf die Struktur der Konsumtion, aber auch der Akkumulation. Wir würden die Intensivierung folglich zu eng fassen, wollten wir ihre Wirkung lediglich in der unmittelbaren Erhöhung der Bedürfnisbefriedigung sehen. Sie bezieht vielmehr die Sicherung eines langfristig hohen und stabilen ökonomischen Entwicklungstempos ein, also die Potentialerhöhung auf allen Gebieten einschließlich der ökonomischen Fundierung der bewaffneten Sicherung der Errungenschaften des Sozialismus.

So stand zwangsläufig die Komplexität der Intensivierung vorwiegend in ihrer mitunter widersprüchlichen Einheit von Gegenwarts- und Zukunftserfordernissen, Teil- und Gesamtentwicklungen, materiellen und finanziellen Prozessen, nationalen und internationalen Bedingungen in der Diskussion im Vordergrund. Grundproblem dabei ist die Entwicklung und Nutzung der Schöpferkraft der Werktätigen im Einklang mit den materiellen Potenzen der Gesellschaft.

Von den zahlreichen mit dem Einsatz, der Struktur und der Nutzung des gesellschaftlichen Arbeitsvermögens verbundenen Problemen ist für die langfristige stabile Entwicklung die qualitative und quantitative Übereinstimmung zwischen einsatzbarem und benötigtem Arbeitsvermögen von besonderer Bedeutung. Es genügt nicht, daß für die vorhandenen Arbeitsplätze entsprechende Arbeitskräfte eingesetzt werden können, sondern es müssen auch die Arbeitsplätze so strukturiert sein, daß dort tätige Arbeitskräfte bestmöglich zur Lösung der ökonomischen und sozialen Aufgaben beitragen. Nicht nur die generelle Proportionalität zwischen Arbeitsvermögen und Arbeitsplätzen ist zu sichern, sondern die Proportionen der Arbeitsplätze innerhalb der Zweige und zwischen den Zweigen und Bereichen einerseits sowie die entsprechenden Proportionen der Arbeitskräfte andererseits müssen ständig den veränderten Bedingungen und neuen Möglichkeiten gerecht werden, wie sie sich vor allem aus der Bedürfnisdynamik, dem wissenschaftlich-technischen Fortschritt, den Erfordernissen der gesellschaftlichen Organisation der Arbeit und der Begrenzung der Ressourcen ergeben; das heißt, die Übereinstimmung ist ständig neu, auf höherem Niveau herzustellen.

Dabei bilden die Investitionen die materielle Grundlage für die Sicherung der notwendigen Dynamik bei der maximalen Anpassung der Struktur und Gestaltung der Arbeitsplätze entsprechend den Erfordernissen des Grundgesetzes. Die dabei zu lösenden Fragen konzentrieren sich in der Verbindung der Reproduktion vorhandener Grundfonds mit notwendigen Erweiterungen in einem solchen Verhältnis und auf so hohem technologischen und arbeitsgestalterischen Niveau, daß die Intensivierung des Reproduktionsprozesses insgesamt die höchste Wirksamkeit erreicht. In den nächsten Jahren wird in der DDR der Anteil der Rationalisierungs- und Ersatzinvestitionen weiter steigen müssen, um das technische Niveau generell zu erhöhen und gleichzeitig als ein Ergebnis steigender Arbeitsproduktivität relativ und absolut Arbeitsplätze einzusparen.

Das erreichbare Tempo der Steigerung der gesellschaftlichen Arbeitsproduktivität ist - von den materiellen Voraussetzungen her - vor allem von der Einsparung an laufendem Aufwand im Verhältnis zur dafür erforderlichen Erhöhung des einmaligen Aufwands abhängig. Diese grundlegende Beziehung spiegelt sich im Verhältnis von Akkumulation und Konsumtion ebenso wider wie im Verhältnis von gegenwärtiger und künftiger Bedürfnisbefriedigung und im Substitutionseffekt. Sie weist auch darauf hin, daß es nicht um die höchstmögliche Steigerung der gesellschaftlichen Arbeitsproduktivität als Selbstzweck geht, sondern letztlich um die langfristige stabile Erhöhung der Fonds für gesellschaftliche und individuelle Konsumtion. Darin besteht auch die untrennbare Verbindung von Intensivierung und Hauptaufgabe.

Im Zusammenhang mit dem Substitutionseffekt wurde auf folgendes Problem der Durchsetzung der Ökonomie der Zeit mittels Kategorien der Warenproduktion aufmerksam gemacht. Bei der Beurteilung der Effektivität der Einsparung von laufendem Aufwand durch Vermehrung des einmaligen Aufwands als der Hauptform der Durchsetzung des wissenschaftlich-technischen Fortschritts wird infolge der bei steigender Arbeitsproduktivität relativ konstanten Preise nicht unmittelbar erkennbar, daß eine gleichgroße Menge gesellschaftlicher Arbeit als einmaliger Aufwand einen ständig steigenden Preisausdruck erhält. Damit wird der falsche Eindruck begünstigt, der wissenschaftlich-technische Fortschritt werde "immer teurer", denn die Substitution einer Arbeitskraft erfordert tendenziell höhere finanzielle Aufwendungen. Entscheidend für die wirkliche Ökonomie der Substitution ist jedoch, daß sich die dafür erforderliche Menge gesellschaftlicher Arbeit überhaupt nicht oder zumindest nicht in dem Maße erhöht, wie es in den Geldbeträgen für die Fonds zum Ausdruck kommt, denn die wertsenkenden Effekte der Steigerung der Arbeitsproduktivität im Hinblick auf die Produktion und Reproduktion der materiellen Fonds der Gesellschaft spiegeln sich in deren Geldausdruck nicht wider. Wird hier nicht die Ökonomie der Zeit als letztes Kriterium herangezogen, könnte daraus eine Schranke oder wenigstens Bremse für die dringend erforderliche Einsparung an Arbeitsplätzen erwachsen.

Die recht glückliche Zusammensetzung des Diskussionskreises in ihrer Mischung von Politökonomen und Betriebswirtschaftlern, Theoretikern und Praktikern ließ die Diskussion dort besonders lebhaft werden, wo es um die Sichtbarmachung von volkswirtschaftlichen Erfordernissen der Intensivierung im Leistungsverhalten und -ausweis der wirtschaftenden Grundeinheiten, also Betriebe und Kombinate, ging. Für die Zielrichtung und die Einschätzung von Intensivierungsmaßnahmen wurden eine Reihe von Prämissen, Relationen und Kriterien vorgeschlagen und begründet, die im folgenden zusammen mit den Kernpunkten der Argumentation dargelegt werden sollen.

1. <u>Die Steigerung der Arbeitsproduktivität muß größer sein als die Zunahme der industriellen Warenproduktion.</u>

Die generelle Gültigkeit dieser These ergibt sich dann, wenn keine quantitative Erweiterung des einsetzbaren gesellschaftlichen Arbeitsvermögens gegeben ist. Dann muß die Ausdehnung der Beschäftigten in den nichtproduzierenden Bereichen über absolute Freisetzungen in den produzierenden Bereichen erfolgen. Die Entwicklung einzelner Zweige und vor allem bestimmter Betriebe kann und muß von dieser richtigen allgemeinen wirtschaftspolitischen Orientierung abweichen, wenn deren Leistungen zur Sicherung einer insgesamt proportionalen Entwicklungsdynamik überdurchschnittlich steigen sollen. Aus der Tatsache allein, daß in einem Betrieb bei steigender Arbeitsproduktivität auch die Anzahl der Beschäftigten steigt, kann nicht auf eine extensive oder gar uneffektive Entwicklung geschlossen werden.

2. <u>Die Steigerung der industriellen Warenproduktion muß größer sein als die Zunahme des Materialverbrauchs.</u>

Mit der zunehmenden Größenordnung des Verbrauchs an Material und Energie wächst die Bedeutung der Materialökonomie. Die stabile Versorgung mit Rohstoffen, Halbfabrikaten und Energie ist heute Hauptfaktor der Sicherung der Kontinuität der Produktion. Bei einer Steigerung der Produktion um jährlich 5 Prozent verdoppelt sich bei gleichbleibendem spezifischem Materialverbrauch der laufende Bedarf an Rohstoffen, Energie usw. im Zeitraum von rund 14 Jahren. Das ergibt in 50 Jahren mehr als den zehnfachen und im Verlauf von 100 Jahren mehr als den hundertfachen Verbrauch. Daraus folgt, daß die relative Abnahme des Materialverbrauchs zu verstärken ist.

In der Gegenüberstellung der Parameter der Effektivität bei der Deckung des zusätzlichen Rohstoffbedarfs aus extensiver Erweiterung der Materialbasis durch zusätzliche Produktion einerseits und aus intensiver Erweiterung durch bessere Nutzung findet tendenziell eine Verschiebung zugunsten der intensiven Variante als der günstigeren statt. Dafür sind mehrere Ursachen maßgebend, vor allem die Erschöpfung traditioneller Gewinnungsgebiete, Verschlechterung der Abbaubedingungen sowohl durch Abnahme des Konzentrationsgrades, hohe Erschließungskosten, größere Entfernungen, erschwerte klimatische Bedingungen usw., zunehmende Umweltbelastung bei extensiver Erweiterung, Umweltentlastung bei intensiver Erweiterung. Folglich erlangen Einsparungen eine zunehmende Effektivität. Entsprechende Untersuchungen sollten bis zur Gegenüberstellung der vollen gesellschaftlichen Aufwendungen für die Ausdehnung der Produktion und die Einsparung je Einheit der wichtigsten Rohstoffe geführt werden, um über begründete Investitionslimits die Material- und Energieeinsparung zu verstärken.

3. Der Nutzen aus Qualitätssteigerungen muß größer sein als die Aufwendungen dafür.

Die Wertung der Qualität ist an die Gebrauchs- und Verbrauchserfordernisse gebunden. Nur in diesem Zusammenhang hat der Qualitätsbegriff einen Sinn; eine Qualität an sich gibt es nicht. Deswegen ist ein zahlenmäßiger Nachweis für die Erfüllung der formulierten Forderung nur begrenzt möglich. Sie ist jedoch völlig berechtigt und stimmt überein mit der generellen Aufgabenstellung, mittels der Steigerung der gesellschaftlichen Arbeitsproduktivität die Bedürfnisse in ständig steigendem Ausmaß zu befriedigen.

Umgekehrt ergibt sich daraus, daß Einsparungen bei der Fertigung nicht zu Lasten der Qualität gehen dürfen; der Anwender also nicht unter Umständen mehr aufwenden muß als der Produzent eingespart hat oder der Verlust an nützlichen Eigenschaften des Erzeugnisses für den Verbraucher viel stärker ins Gewicht fällt als die erzielten Einsparungen. Anwendernutzen geht vor Herstellernutzen beziehungsweise das Ergebnis aus beiden muß möglichst hoch sein.

4. Bei Sicherung der gebrauchswertmäßigen Erfüllung des Planes nach Menge, Qualität, Sortiment und Termin muß der Gesamtgewinn schneller wachsen als die Warenproduktion.

Im Zusammenhang mit dieser These wurden vor allem zwei Fragen angesprochen. Einmal wurde darauf hingewiesen, daß darin die volkswirtschaftliche Notwendigkeit ausgedrückt wird, das Mehrprodukt des materiellen Bereiches schneller zu steigern als die Produktion und das Nettoprodukt. Das ergibt sich aus der mit der Entwicklung der sozialistischen Gesellschaft verbundenen Ausdehnung der nichtproduzierenden Bereiche, die für die Bedürfnisentwicklung wachsendes Gewicht erlangen, aber auch aus Erfordernissen der sozialistischen Akkumulation. Die aufgeführte These hat inhaltlich die gleiche Stoßrichtung wie die Forderung, daß die Arbeitsproduktivität schneller als der Durchschnittslohn steigen muß.

Zum anderen wurde darauf hingewiesen, daß die Gegenüberstellung der Steigerung von Warenproduktion und Gewinn die Frage aufwirft, mit welcher Sicherheit die betriebliche Leistungsentwicklung in beiden Kennziffern zum Ausdruck kommt. Das ist wichtig für die Verwirklichung des Grundsatzes: Was der Gesellschaft nützt, soll auch für den Betrieb und den einzelnen vorteilhaft sein. Die Warenproduktion erfüllt die Aufgabe, die Leistungsentwicklung des Betriebes widerzuspiegeln, nur unter der Voraussetzung konstanter Sortimente. Infolge des unterschiedlichen Abweichens der Preise vom gesellschaftlich notwendigen Arbeitsaufwand gilt diese wesentliche Einschränkung auch für den Gewinn. Als Aufgabe weiterer Forschungen wurde herausgestellt, die betriebliche Leistungsbewertung weiter zu objektivieren. Hinsichtlich des Gewinns wird dabei als möglicher Weg angesehen, ihn normativ in Abhängigkeit von den in Anspruch genommenen personellen und materiellen Fonds zu beurteilen. Damit könnte gleichzeitig die Einsparung dieser Fonds stimuliert werden.

5. Jede Rationalisierungsmaßnahme muß Verbesserungen der Arbeits- und Lebensbedingungen einschließen.

Diese Forderung ist untrennbarer Bestandteil sozialistischer Rationalisierungsstrategie. Die Befriedigung der Bedürfnisse als das grundlegende Ziel sozialistischen Wirtschaftens schließt die Befriedigung der Bedürfnisse des Menschen in der Arbeit, durch die unmittelbare Arbeit ein. Dazu gehören sowohl die sachlichen Bedingungen als auch die Beziehungen der Menschen in Kollektiven. Mit der Erfüllung dieser Forderung trägt die Rationalisierung bei, die Arbeit zunehmend zum Lebensbedürfnis des Menschen zu entwickeln.

Dabei ist die Verbesserung der Arbeitsbedingungen, also Entlastung von körperlich schwerer Arbeit, Beseitigung von Lärm, Staub und Schadstoffen bis hin zur freundlichen Gestaltung der Arbeitsplatzumwelt die eine Seite. Sie muß jedoch ergänzt werden durch eine den Menschen befriedigende Gestaltung des Arbeitsinhalts. Diese Forderung ist bei Rationalisierungsmaßnahmen mitunter schwerer zu verwirklichen. Bereits bei der Konzipierung sind deshalb die Erkenntnisse der wissenschaftlichen Arbeitsorganisation komplex einzubeziehen.

Die Intensivierung des volkswirtschaftlichen Reproduktionsprozesses ist eine langfristige wirtschaftspolitische Strategie. Sie schließt ein, langfristige Erfolge anzustreben, langfristig wirkende Intensivierungsvorhaben einzuleiten. Damit fordert sie von jedem Wissenschaftler, den Zeithorizont für die Beurteilung der Stabilität von Problemlösungen auszudehnen, den Mut zu haben, zielbewußt den Erfolg von morgen anzustreben.

Eine Bedingung dafür ist die Bewältigung der Komplexität der Intensivierung. Für den Erfolg ist wesentlich, zu erkennen, welche Erfordernisse beachtet werden müssen beziehungsweise welche Folgewirkungen eintreten, um Maßnahmen einleiten zu können, welche die positiven Wirkungen verstärken und negative Wirkungen einschränken können.

Die Diskussion bestätigte und konkretisierte die in Thesen und im Referat getroffenen Aussagen. Der zwangsläufig hohe Verallgemeinerungsgrad der Thesen erwies sich als Verdichtung der die Intensivierung bestimmenden Prozesse, und die darin gegebene theoretische Fundierung und strategische Orientierung bestätigten sich als Aussagen über Erfordernisse der Gestaltung der Wirtschaftspolitik, weil sie die Wesenszüge des Intensivierungsprozesses in ihrer Komplexität aus den Erfordernissen der Gestaltung der entwickelten sozialistischen Gesellschaft ableiten.

Als verallgemeinerte Aussage der Diskussion soll abschließend herausgestellt werden:

1. Der Intensivierungsprozeß verändert die Wirkungsbedingungen der ökonomischen Gesetze, verstärkt das zwischen ihnen bestehende Wechselverhältnis und beeinflußt damit grundlegend Inhalt und Methoden der Leitung, Planung und Stimulierung.

2. Die politökonomische Forschung erhält ein größeres Wirkungsfeld und eine ständig engere Beziehung zur Wirtschaftspolitik. Die Schaffung theoretischen Vorlaufs muß in stärkerem Maße die Herausarbeitung langfristiger wirtschaftspolitischer Erfordernisse einschließen als Voraussetzung dafür, daß, wie es Engels formulierte, die "von ihnen in Bewegung gesetzten gesellschaftlichen Ursachen vorwiegend und in stets steigendem Maße auch die von ihnen gewollten Wirkungen haben."[1]

3. Isoliertes Betrachten einzelner Notwendigkeiten der Gestaltung des Reproduktionsprozesses ohne Einbeziehung der in anderen Bereichen oder auf anderen Ebenen dadurch eintretenden Wirkungen wird der zunehmenden Komplexität, der Verstärkung der gegenseitigen Abhängigkeiten immer weniger gerecht. Das heißt, der Integrationsprozeß ist nicht nur eine Aufgabe, vor der die Wirtschaften der sozialistischen Länder stehen, sondern zugleich Erfordernis der Wirtschaftswissenschaften selbst. Der Erfolg unserer Konferenz besteht nicht zuletzt darin, daß sie einen Schritt in dieser Richtung darstellt.

Die Diskussion war getragen von der Erwartung der Wirtschaftspraxis, daß die theoretische Arbeit weiter in der Richtung verstärkt wird, sowohl Entscheidungshilfen für grundlegende Entwicklungen und Vorhaben zu leisten als auch durch theoretische Begründung von Vorgaben, Normativen, Leistungsparametern und -kriterien den, sagen wir einmal "Reproduktionsalltag" der Zweige, Kombinate und Betriebe in Richtung der Intensivierung zu stimulieren. Diese Erwartung wird abgeleitet aus der verständlichen Tatsache, daß das Entscheidungsverhalten von Leitern und Kollektiven hochgradig von den verbindlichen Kennzahlen der Planmethodik abhängt.

In den 36 Beiträgen aller 15 Diskussionsredner kam die Verantwortung der Gesellschaftswissenschaftler dafür zum Ausdruck, zur Erarbeitung konstruktiver langfristiger Lösungen bei der Gestaltung der Ökonomie der entwickelten sozialistischen Gesellschaft beizutragen.

Anmerkungen

1 Friedrich Engels, Anti-Dühring, Dialektik der Natur, in: MEW, Bd. 20, S. 264.

Wolfgang Marschall

ZU EINIGEN ÖKONOMISCHEN PROBLEMEN DES WISSENSCHAFTLICH-TECHNISCHEN FORTSCHRITTS ALS DEM ENTSCHEIDENDEN INTENSIVIERUNGSFAKTOR

Bei der Leitung des Reproduktionsprozesses sind die spezifischen Funktionen der Intensivierungsfaktoren zu berücksichtigen und daraus Konsequenzen für die Entwicklung adäquater Formen der Planung und Stimulierung abzuleiten. Der wissenschaftlich-technische Fortschritt entwickelt sich immer mehr zum entscheidenden Intensivierungsfaktor. Er durchdringt alle Elemente des Reproduktionsprozesses, er verbindet sie und bildet qualitativ neue Beziehungen zwischen den Menschen im Arbeitsprozeß sowie zwischen Mensch und Produktionsmittel heraus.

Die immer enger werdenden Verflechtungen von Wissenschaft, Technik und Produktion sind ein wesentliches Kennzeichen für die Umgestaltung aller Elemente der Produktivkräfte beim Aufbau der entwickelten sozialistischen Gesellschaft unter den Bedingungen der wissenschaftlich-technischen Revolution.

Die politische Führungstätigkeit der Partei der Arbeiterklasse konzentriert sich in wesentlichem Maße darauf, die neu entstehenden Prozesse und die bei ihrer Lösung aufkommenden Probleme in spezifisch sozialistischer Weise zu vollziehen. "Immer deutlicher tritt zutage, daß unter Führung unserer Partei die Errungenschaften der wissenschaftlich-technischen Revolution mit den Vorzügen des sozialistischen Wirtschaftssystems organisch verbunden und wir dadurch in die Lage versetzt werden, einen lang anhaltenden Aufschwung unserer Volkswirtschaft zu gewährleisten."[1]

Entscheidendes Ziel aller Maßnahmen in Wissenschaft und Technik ist eine bessere Bedürfnisbefriedigung, die durch Steigerung der Effektivität zu erreichen ist. Die höhere Effektivität ist letztlich das entscheidende Kriterium, woran die Intensivierung beurteilt werden kann. Sie stellt sich konkret in der Steigerung der Arbeitsproduktivität, in der Senkung der Selbstkosten, in einer höheren Fondseffektivität dar. Die Wirkung des wissenschaftlich-technischen Fortschritts, sein immer tieferes Eindringen in alle Bereiche des gesellschaftlichen Reproduktionsprozesses stellt heute das Problem des Nachweises der Effektivitätsentwicklung auf neue Weise. Zusätzliche Aspekte sind zu berücksichtigen, die früher gar keine oder eine untergeordnete Rolle spielten. Es reicht heute nicht, die Effektivität der laufenden Produktion zu beurteilen. Vielmehr wird es immer dringender, den ganzen Prozeß der wissenschaftlichen, technischen und organisatorischen Vorbereitung der Produktion unter dem Gesichtspunkt der Effektivität des dafür eingesetzten Potentials zu beurteilen. Ebenso wird es notwendig, die Wirkungen des wissenschaftlich-technischen Fortschritts auf die nichtmateriellen Bereiche (Bildungswesen, Gesundheitswesen, kulturelle Einrichtungen), aber auch auf die Infrastruktur, auf die natürliche Umwelt des Menschen nachzuweisen. Ein weiterer Gesichtspunkt, der zunehmende Bedeutung erlangt, ist die immer tiefergreifende Verflechtung der nationalen Volkswirtschaften im Rahmen der sozialistischen ökonomischen Integration. Die Entwicklung der sozialistischen Staatengemeinschaft ist durch mannigfaltige Wechselwirkungen mit der Beschleunigung des wissenschaftlich-technischen Fortschritts verbunden.

Hieraus folgt, daß die Effektivitätsbetrachtung heute, wenn sie die Wirkung des wissenschaftlich-technischen Fortschritts umfassend widerspiegeln soll, qualitative Veränderungen erfahren muß. Sie hat folgenden allgemeinen Forderungen zu genügen:

1. Sie muß nachweisen, inwieweit die Struktur der wissenschaftlich-technischen Resultate bedarfsgerecht ist, sie muß ihren Neuheitsgrad sowie ihre wissenschaftlich-technische und ökonomische Ergiebigkeit ausdrücken.

2. Sie muß das Ausbreitungstempo und die Anwendungsbreite der wissenschaftlich-technischen Neuerung im gesellschaftlichen Reproduktionsprozeß und außerhalb der nationalen Volkswirtschaft widerspiegeln.

3. Sie muß eine Minimierung der notwendigen Aufwendungen zur Durchsetzung des wissenschaftlich-technischen Fortschritts fördern.

Das Auffinden und die praktische Durchsetzung von spezifisch sozialistischen Formen der Verbindung von Wissenschaft und Produktion ist ohne einen fundierten Effektivitätsnachweis aller wissenschaftlich-technischen Maßnahmen nicht zu verwirklichen. Vor allem kommt es darauf an, Effektivitätsanalysen in allen Stufen der Produktionsvorbereitung, in der Produktionsdurchführung und bei der Realisierung der neuen Produktion vorzunehmen. Derartige Analysen dienen dazu, einen ganzen Komplex miteinander verbundener Aktivitäten eindeutig auf ein Ziel, die Steigerung der Effektivität des gesellschaftlichen Reproduktionsprozesses, zu orientieren. Die Profilierung des Forschungs- und Entwicklungspotentials, die Aufgabenfindung für Forschung und Entwicklung, ihre schrittweise immer weitergehende Präzisierung, die Durchführung des Forschungsprozesses, die Überführung der Forschungsergebnisse in die materielle Produktion respektive andere Nutzungssphären, die Phase der neuen Produktion und die Ausbreitung neuer Erzeugnisse, Verfahren und Technologien, müssen durch systematische Analysen der zu erwartenden und später der erreichten Effektivität untermauert werden. Nur so ist eine optimale Gestaltung des Gesamtprozesses der Durchsetzung des wissenschaftlich-technischen Fortschritts gewährleistet. Das Ziel der besseren und effektiveren Bedarfsbefriedigung durch wissenschaftlich-technische Maßnahmen ist zu realisieren, wenn von vornherein eindeutige ökonomische und soziale Mindestforderungen, klare Aufgabenstellungen für die Verbesserung der Arbeits- und Lebensbedingungen vorgegeben werden und wenn deren Einhaltung beziehungsweise Überbietung durch regelmäßige Kontrollen des zu erreichenden beziehungsweise erreichten Effektivitätszuwachses gewährleistet wird. Der wissenschaftlich-technische Fortschritt wirkt sich keineswegs automatisch oder im Selbstlauf effektivitätssteigernd aus.

Bisherige Vorschläge zum Nachweis der Effektivität einzelner Maßnahmen des wissenschaftlich-technischen Fortschritts beziehungsweise von Investitionen finden wir insbesondere in verschieden modifizierten Rückflußdauerformeln, auf die hier nicht näher einzugehen ist. Sie verfolgen das Ziel, die Variante auszuwählen, bei der die zusätzlichen vorgeschossenen Aufwendungen durch Einsparungen an laufenden Aufwendungen am schnellsten kompensiert werden. Eine andere Konzeption, der insbesondere in der Sowjetunion breite Beachtung geschenkt wird, ist die Reduktionskostenformel. Sie wählt die Variante als günstigste aus, bei der die Summe aus laufenden und reduzierten vorgeschossenen Aufwendungen minimal ist. Es ist heute nicht möglich, weder auf Grund theoretischer Erkenntnisse noch auf Grund praktischer Erfahrungen, einer der beiden Methoden eindeutig den Vorzug zu geben.

In jüngster Zeit erlangen - bisher vor allem in theoretischen Arbeiten - Versuche an Bedeutung, die die Vielschichtigkeit der Auswirkungen von wissenschaftlich-technischen Maßnahmen in einem komplexen Ausdruck widerspiegeln. Die verschiedenen Ansätze zur Durchführung von Aufwand-Nutzen-Analysen müssen als Ergänzung zu den bisher gebräuchlichen Verfahren verstanden werden. Es ist zu erkennen, daß sowohl die Rückflußdauer wie auch die Reduktionskosten schwerpunktmäßig die Analyse der Aufwendungen zum Ziel haben. Bei den bisherigen Ansätzen zur Aufwand-Nutzen-Analyse wurde größerer Wert auf einen umfassenden Nachweis der Ergebniswirksamkeit gelegt. Beides zu verbinden und ein System von Kriterien und Kennzahlen zu entwickeln, das möglichst eindeutige Entscheidungen zuläßt, ist heute eine aktuelle Aufgabe.

Dabei wird es darauf ankommen, sehr konsequent auszuwählen, welche Berechnungen beziehungsweise Analysen tatsächlich notwendig und welche entbehrlich sind. Zweifellos ist es nicht möglich, die Effektivität des wissenschaftlich-technischen Fortschritts, gewissermaßen nebenbei nachzuweisen. Hier handelt es sich um ein außergewöhnlich kompliziertes aber ebenso wichtiges Problem. Seine Lösung ist unerläßlich, wenn nicht im Prozeß der Realisierung des wissenschaftlich-technischen Fortschritts Verluste zugelassen werden sollen. Aber es geht auch nicht darum, nach "absoluter" Genauigkeit zu streben. Die zu entwickelnden Methoden brauchen keineswegs exakter zu sein als die verfügbaren Primärinformationen. Und es ist allgemein bekannt, wie schwierig es ist, gerade auf dem Gebiet von Wissenschaft und Technik wirklich genaue Daten zu erfassen.

Zusammenfassend muß folgendes gesagt werden:

1. Die Effektivität des wissenschaftlich-technischen Fortschritts ist vom politökonomischen Anliegen und vom Inhalt her Teil der Effektivität des sozialistischen gesellschaftlichen Reproduktionsprozesses und muß sich in einem Beitrag zur Zielrealisierung nachweisen lassen.

2. Die Effektivität des wissenschaftlich-technischen Fortschritts erhält durch die Besonderheiten der Prozesse des wissenschaftlich-technischen Fortschritts ihr Gepräge, und zwar sowohl in bezug auf die Vielschichtigkeit der Wirkungen der wissenschaftlich-technischen Maßnahmen als auch in bezug auf die zeitliche Wirksamkeit dieser Maßnahmen.

3. Alle Kennzahlen, in denen spezifische Seiten der Effektivität des wissenschaftlich-technischen Fortschritts dargestellt werden, sind im Zusammenhang mit anderen Effektivitätskennzahlen sowie mit Niveaukennzahlen der wissenschaftlich-technischen Entwicklung zu sehen. Wesentlich sind die Beziehungen zur Arbeitsproduktivität, Fondsintensität, Materialintensität, Effektivität der Investitionen, Effektivität der sozialistischen ökonomischen Integration, Effektivität bestimmter Spezialisierungs- und Kooperationsvereinbarungen.

Wachsende Bedeutung beim Aufbau der entwickelten sozialistischen Gesellschaft erlangen Fragen der planmäßigen Gestaltung des Forschungs- und Entwicklungspotentials und seines effektiven Einsatzes, denn das ist unzweifelhaft die wichtigste Grundlage für die Erzielung eines langfristig wirksamen wissenschaftlichen Vorlaufs. Folgende Fragen stehen dabei im Blickpunkt wissenschaftsstrategischer Überlegungen:

- Wie groß muß das Forschungs- und Entwicklungspotential in jeder gegebenen Entwicklungsphase des sozialistischen Aufbaus sein, um den Erfordernissen der planmäßigen Entwicklung des gesellschaftlichen Reproduktionsprozesses zu genügen?

- Welche innere Struktur muß das Potential haben, um die maximale Gewähr dafür zu geben, daß die Ergebnisse der Forschungs- und Entwicklungsarbeit sich in die proportionale Entwicklung des Reproduktionsprozesses einordnen?

- Wie kann planmäßig das Forschungs- und Entwicklungspotential mit den Forschungsschwerpunkten zur Erzielung eines langfristigen wissenschaftlichen Vorlaufs koordiniert werden, so daß von vornherein eine möglichst hohe Effektivität des Potentialeinsatzes gewährleistet wird. Die konsequente Orientierung der Potentialentwicklung an den Hauptentwicklungsrichtungen des wissenschaftlich-technischen Fortschritts ist hierbei sicher die wesentlichste Bedingung.

Hinsichtlich der Potentialstruktur haben folgende Ebenen zentrale Bedeutung:

1. die grundlegenden wissenschaftlichen Disziplinen wie Chemie, Physik, Biologie, Ökonomie, Philosophie;

2. die Hauptforschungsrichtungen (Querschnittsgebiete) wie physikalisch-chemische Wirkprinzipien, biologische Wirkprinzipien, Werkstofforschung, Energieproblematik, Theorie der entwickelten sozialistischen Gesellschaft, an deren Bearbeitung Wissenschaftler verschiedener Disziplinen beteiligt sind;

3. die aufeinanderfolgenden Stufen des wissenschaftlichen Erkenntnisprozesses - Grundlagenforschung, angewandte Forschung, Entwicklung -, zu denen die Stufen der Überleitung von Forschungsergebnissen in die materielle Produktion (vor allem Konstruktion, Projektierung, Investition) und die Produktion selbst in enger Wechselbeziehung stehen.

Obwohl die hier als zweite genannte Strukturebene, Gliederung nach Hauptentwicklungsrichtungen des wissenschaftlich-technischen Fortschritts, für die Analyse der Wirksamkeit des Forschungspotentials im Reproduktionsprozeß von entscheidender Bedeutung ist, ist gerade sie bislang statistischen Untersuchungen und Analysen am wenigsten zugänglich gewesen. Aussagekräftige Informationen liegen hinsichtlich der Struktur des Forschungs- und Entwicklungspotentials nach Disziplinen vor.[2] Im Jahre 1972 lagen, bezogen auf die Hoch- und Fachschulkader in Forschung und Entwicklung in der DDR, die technischen Wissenschaften mit einem Anteil von 65 Prozent an erster Stelle. Danach folgten die Wirtschaftswissenschaften mit 9 Prozent. Auf dem dritten Platz liegen die chemischen Wissenschaften mit 7 Prozent. Es schließen sich an die Agrarwissenschaften mit 5 Prozent, die Physik mit 4 Prozent, die Biologie und die Medizin mit je 1 Prozent. Im Zusammenhang mit diesen Analysen durchgeführte Untersuchungen weisen einen engen statistischen Zusammenhang dieser Strukturanteile mit der Ausbildungsstruktur der Hoch- und Fachschulkader nach. Diese Erkenntnis bestätigt, was in der Praxis seit längerer Zeit empirisch zu beobachten war, daß die Ausbildungsstruktur an den Hoch- und Fachschulen relativ starken Einfluß auf die Struktur des Forschungskaderpotentials hat. Hier erhebt sich zweifellos die Frage, ob eine solche Entwicklung auf lange Sicht den Erfordernissen der Intensivierung des Reproduktionsprozesses gerecht wird. Bestimmend für die langfristige Profilierung des Forschungspotentials können nur die Bedürfnisse der Herausbildung der entwickelten sozialistischen Gesellschaft und die Hauptentwicklungsrichtungen von Wissenschaft und Technik sein. Und sekundär sind dann erst Schlüsse in bezug auf die Ausbildungsstruktur der Hoch- und Fachschulkader möglich. Diese Feststellung verdeutlicht einmal die engen Wechselwirkungen zwischen den verschiedenen Intensivierungsfaktoren. Zum anderen belegen sie erneut die unabdingbare Notwendigkeit von Prognosen, die die Entwicklung des gesamten Reproduktionsprozesses auf lange Sicht vorzeichnen. Die Aussagen dieser Prognosen sind schrittweise in langfristigen Plänen und Fünfjahrplänen umzusetzen und in Jahresplänen zu realisieren.

Ein zentrales Problem ist in diesem Zusammenhang die Frage nach den Umschlagspunkten. Konkret ist zum Beispiel das Problem gestellt, ob auf die Dauer ein Strukturanteil der Biologen von 1 Prozent ausreicht, ob nicht mit dem tieferen Eindringen in die Biologie, mit der immer breiteren Anwendung biologischer Wirkprinzipien auch mehr Biologen gebraucht werden. Aber wieviel dann benötigt werden, und wann sie zur Verfügung stehen müssen, und ob dafür bestimmte andere Disziplinen zurückentwickelt werden müssen, das sind Fragen, die nur auf lange Sicht und im Rahmen komplexer Betrachtungen beantwortet werden können. Die Entscheidung muß von Aussagen darüber ausgehen, welche Entwicklungsrichtungen des wissenschaftlich-technischen Fortschritts vorrangig verfolgt werden sollen, und sie muß die Spezialisierungs- und Kooperationsvereinbarungen im Rahmen der sozialistischen ökonomischen Integration berücksichtigen.

Zunehmende Bedeutung werden Prognosen und langfristige Entwicklungsprogramme in bezug auf bestimmte Niveaugrößen erlangen; zum Beispiel Mechanisierungsgrad, Automatisierungsgrad, Chemisierungsgrad, Grad der Anwendung biologischer Wirkprinzipien, der Benutzung der Kerntechnik und ähnliche. Prognosen für derartige Niveaugrößen ermöglichen qualifizierte Rückschlüsse für die Strukturierung des Forschungs- und Entwicklungspotentials, aber auch für die Fixierung der genauen Themen, die in den Forschungseinrichtungen zu bearbeiten sind, wie auch für die langfristige Vorbereitung der Überführung der Forschungsresultate in die Produktion.

Es versteht sich, daß unter den Bedingungen des entwickelten Sozialismus wissenschaftlich-technische Zielsetzungen nicht ausreichen, um die langfristige Entwicklung von Wissenschaft und Technik zu bestimmen. Ebenso bedeutungsvoll sind ökonomische und soziale Zielsetzungen. Diese müssen bereits in einem frühen Stadium der Aufgabenstellung fixiert werden. Bei der weiteren Präzisierung des Ziels der Forschungs- und Entwicklungsarbeiten aus der Sicht des Naturwissenschaftlers und Technikers, bei der Abspaltung von Teillösungen zur kurzfristigen Überführung in die Produktion wie auch bei der Aussonderung von Forschungsrichtungen, die keinen Erfolg versprechen, ist die Einhaltung beziehungsweise Übererfüllung der sozialen und ökonomischen Zielsetzung stets bei der Entscheidungsfindung zu beachten. In der Praxis steht ständig, aber immer wieder neu, die Aufgabe, das real vorhandene Forschungspotential so weiterzuentwickeln, daß eine weitestgehend optimale Wirksamkeit gewährleistet wird. Nur wenn diese Aufgabe erfolgreich gelöst wird, ist garantiert, daß der wissenschaftlich-technische Fortschritt die objektiv mögliche Effektivitätswirksamkeit im Rahmen des gesellschaftlichen Reproduktionsprozesses auch tatsächlich erreicht.

Hier wurde relativ breit die Frage der Strukturierung der Kader behandelt. Darin erschöpft sich die Problematik des Forschungs- und Entwicklungspotentials nicht. Als wesentlich weitere Komponenten sind die Ausstattung der in Forschung und Entwicklung beschäftigten Wissenschaftler mit Grundmitteln, Apparaturen, Labors, Versuchsanlagen sowie die Bereitstellung von wissenschaftlich-technischen und technischen Hilfskräften der Forschung zu verstehen. Auf Einzelheiten kann hier nicht eingegangen werden.

Die entscheidende Frage, wie man vom Kaderpotential zum Gesamtpotential für Forschung und Entwicklung kommt, ist zur Zeit weitgehend ungelöst. Die Planungspraxis umgeht sie, indem sie neben den Beschäftigten für Forschung und Entwicklung nur die jährlichen Gesamtausgaben plant. Berücksichtigt man, daß die Gesamtausgaben eine sehr differenzierte materielle Struktur aufweisen und ganz unterschiedlich reproduziert werden, wird die Problematik einer solchen Praxis deutlich. Die Gesamtausgaben eines Jahres für Wissenschaft und Technik sind in ihrer Effektivität nur sehr bedingt aussagefähig. Das vorhandene Potential ist die Grundlage für das Hervorbringen wissenschaftlich-technischer Ergebnisse, und nur eine umfassende Potentialanalyse wird langfristig garantieren, daß die Effektivität des wissenschaftlich-technischen Fortschritts richtig eingeschätzt und den Bedürfnissen der Intensivierung entsprechend entwickelt werden kann.

Wachsende Bedeutung, gerade für die Intensivierung des Forschungspotentials, erlangt die Erhöhung der Kreativität der Forscher. Die Fondsausstattung und die Kaderstruktur bilden den Rahmen für eine hohe Kreativität. Aber es geht um mehr, vor allem um die Ausschöpfung aller subjektiven Reserven, um die Befähigung des Forschers zu hohen Leistungen und um die Entwicklung einer hohen Leistungsbereitschaft. Gegenwärtig ist in der Forschung häufig ein großes Leistungsgefälle zwischen einzelnen Wissenschaftlern zu beobachten. Sein allmählicher Abbau schafft die Möglichkeit, große Potenzen zu erschließen und die Intensivierung des Forschungspotentials voranzubringen.

Schöpferische Aktivitäten sind heute aber kein Privileg der Wissenschaftler mehr. In zunehmendem Maße werden in den Überführungsprozessen, in der Produktion, im Handel und anderen Bereichen des gesellschaftlichen Reproduktionsprozesses schöpferische Arbeiten vollbracht. Die Neuerertätigkeit ist zu einer Massenbewegung geworden, deren Nutzen im Jahre 1973 bereits 3,5 Milliarden Mark erreichte. Eine derart breite Entfaltung schöpferischer Aktivitäten in allen Sphären menschlicher Tätigkeit ist nur im Sozialismus möglich. Sie ist ein Ausdruck des sich immer deutlicher herausbildenden neuen Charakters der Arbeit. Diese Erscheinung ist als eine typisch sozialistische Form der Verbindung von Wissenschaft und Produktion zu verstehen. Breite Masseninitiativen, Neuererbewegung, Initiativen im sozialistischen Wettbewerb und Gegenpläne helfen Reserven der Intensivierung bei der Nutzbarmachung des wissenschaftlich-technischen Fortschritts zu erkennen und zu erschließen. Die Effektivität des wissenschaftlich-technischen Fortschritts wird um so größer sein, je besser es gelingt, die von Wissenschaft und Technik ausgehenden Impulse und revolutionären Veränderungen durch eine breitangelegte Masseninitiative zu ergänzen.

Anmerkungen

1 Werner Krolikowski, Der Kampf und die Verwirklichung der vom VIII. Parteitag beschlossenen Hauptaufgabe und die Bedeutung des wissenschaftlich-technischen Fortschritts. Grundaufgaben bei der Vereinigung der Vorzüge des Sozialismus mit der wissenschaftlich-technischen Revolution, Berlin 1974, S. 6.

2 Wir stützen uns hier auf Analysen, die unter Leitung von Alfred Lange durch Mitarbeiter der Hochschule für Ökonomie "Bruno Leuschner" angefertigt wurden.

Peter Sydow

DIE WIRTSCHAFT DER ENTWICKELTEN SOZIALISTISCHEN GESELLSCHAFT UND DIE ÖKONOMISCHE INTEGRATION DER RGW-LÄNDER

Die sozialistische ökonomische Integration der RGW-Länder - das zeigen erneut die Beschlüsse des Politischen Beratenden Ausschusses des Warschauer Vertrages und der 28. RGW-Tagung - eröffnet einen neuen Abschnitt der weiteren internationalen Entfaltung der sozialistischen Produktionsweise, der Produktivkräfte und Produktionsverhältnisse. Die aus dem internationalistischen Wesen des Sozialismus erwachsende Integration erfaßt zunehmend alle Bereiche der gesellschaftlichen Entwicklung. Sie kommt sowohl in der Vertiefung freundschaftlicher Beziehungen zwischen den Bruderparteien als auch in engen Arbeitskontakten zwischen den Regierungen der Bruderländer und herzlichen Begegnungen von Arbeitskollektiven und Bürgern unseres Staates zum Ausdruck. Es handelt sich dabei um einen Prozeß von historischer Tragweite, der zum immer festeren Zusammenwachsen der sozialistischen Staatengemeinschaft führt und dessen bestimmende Entwicklungsrichtung die weitere Annäherung an die Sowjetunion ist.[1]

Diese zunehmende Internationalisierung der gesellschaftlichen, vor allem aber der ökonomischen Beziehungen im Rahmen der RGW-Gemeinschaft ist ein Wesenszug des Aufbaus der Grundlagen des Kommunismus und der entwickelten sozialistischen Gesellschaft. Sie ist ein vielschichtiger Prozeß, dessen Verlauf und Intensität vor allem von der sozialistischen ökonomischen Integration bestimmt wird. Im Mittelpunkt steht dabei die Herausbildung der Wirtschaft der entwickelten sozialistischen Gesellschaft auf dem Wege der volkswirtschaftlichen Intensivierung und der damit verbundenen planmäßigen Nutzung effektiver Richtungen und Formen der volkswirtschaftlichen Verflechtung zwischen den RGW-Ländern.

Wie auch die 7. Tagung des Wissenschaftlichen Rates für die wirtschaftswissenschaftliche Forschung zu Problemen der sozialistischen ökonomischen Integration gezeigt hat,[2] gehört die tiefere Untersuchung der grundlegenden Zusammenhänge zwischen dem Aufbau der entwickelten sozialistischen Gesellschaft, der sozialistischen ökonomischen Integration und der Intensivierung der gesellschaftlichen Reproduktion zu unseren vordringlichen Aufgaben. Dabei gehen wir von der Forderung Erich Honeckers aus, durch gemeinsame Anstrengungen viele echte Entwicklungsprobleme der weiteren intensiv erweiterten Reproduktion der sozialistischen Wirtschaft im Rahmen der von der Sowjetunion geführten sozialistischen Staatengemeinschaft zu bewältigen.

1. Zum Zusammenhang von sozialistischer ökonomischer Integration und intensiv erweiterter Reproduktion

Das weitere Reifen der sozialistischen Staatengemeinschaft wie die Entwicklung in den RGW-Ländern werden heute zunehmend durch die sozialistische ökonomische Integration beeinflußt. Durch sie erhält der objektive Prozeß des Zusammenschlusses und der Einheit der Bruderländer qualitativ neue, innere Triebkräfte, nimmt der Einfluß des Internationalen auf die gesellschaftliche und ökonomische Entwicklung in den Bruderländern zu.

Die dialektischen Wechselbeziehungen zwischen den inneren und äußeren Entwicklungsbedingungen des sozialistischen und kommunistischen Aufbaus äußern sich gegenwärtig darin, daß die inneren Aufgaben der Bruderländer zunehmend aus der Sicht der Staatengemeinschaft bestimmt werden und sich die RGW-Länder bei ihrer Lösung immer stärker auf die Staatengemeinschaft stützen können.

In der marxistisch-leninistischen Diskussion gibt es zwischen einzelnen Politökonomen gegenwärtig vor allem übereinstimmende, aber zum Teil auch unterschiedliche Auffassungen, sowohl zum Gewicht der sozialistischen ökonomischen Integration beim Aufbau der entwickelten sozialistischen Gesellschaft als auch zum Zusammenhang von intensiver Reproduktion und ökonomischer Integration. Dabei vertretene unterschiedliche Standpunkte könnte man wie folgt skizzieren:

Einige Auffassungen tendieren dahin, vorrangig die einzelnen Volkswirtschaften effektiv zu entwickeln und dabei die ökonomische Integration gewissermaßen "zusätzlich", als "äußeren" Faktor auszunutzen. Demgegenüber wird von anderen Politökonomen auch die Ansicht vertreten, daß der internationale Mechanismus der ökonomischen Integration vorrangig auszubauen sei. Offensichtlich folgt daraus, daß die dialektische Verbindung von Internationalem und Nationalem im ökonomischen Integrationsprozeß noch gründlicher zu untersuchen ist.

Die genannten Auffassungen finden in der Diskussion um den Rang der ökonomischen Integration als Intensivierungsfaktor ihre Parallele. So wird die ökonomische Integration von einzelnen Ökonomen noch einfach neben die anderen qualitativen Faktoren gestellt. Einige Autoren machen das Urteil über die wirtschaftliche Integration der RGW-Länder als Intensivierungsfaktor zu einseitig vom Grad ihrer internationalen wirtschaftlichen Verflechtung abhängig. Mitunter wird die Hauptreserve der Intensivierung auch heute noch in der Erschließung volkswirtschaftlicher Faktoren gesehen. Im Unterschied dazu bezeichnen wieder andere Ökonomen die ökonomische Integration als den wichtigsten Intensivierungsfaktor überhaupt. Bei der Analyse dieser Thesen ist zu berücksichtigen, daß es in den RGW-Ländern und in ihrer ökonomischen Integration auch noch vielfältige extensive Entwicklungsprozesse gibt.

Die Hauptrichtung des Aufbaus der Wirtschaft der entwickelten sozialistischen Gesellschaft ist die Vervollkommnung des Reproduktionsprozesses jedes Bruderlandes entsprechend den gemeinsamen Interessen und Bedürfnissen der sozialistischen Staatengemeinschaft zur Stärkung des Sozialismus. Das macht es erforderlich, durch die Weiterentwicklung der gemeinsamen Planungstätigkeit die intensiv erweiterte Reproduktion in den RGW-Ländern immer enger mit der volkswirtschaftlichen Verflechtung zwischen ihnen zu verbinden.

Da wir uns gegenwärtig in einer ersten Entwicklungsetappe der sozialistischen ökonomischen Integration befinden, bilden die volkswirtschaftlichen Bedingungen eine wesentliche Grundlage für die Entwicklung in den einzelnen RGW-Ländern und in der Staatengemeinschaft insgesamt. Zugleich ist die Lösung der Hauptaufgabe der Parteitage durch die vorrangige intensive Reproduktion gegenwärtig und noch stärker künftig nur unter Berücksichtigung der Bedingungen und der Bedürfnisse der Integrationspartner möglich. Die ökonomische Integration verstärkt die intensiv erweiterte Reproduktion in jedem Land und ist damit eine notwendige Bedingung für die Lösung der Hauptaufgabe der Parteitage. Ihr Einfluß darauf wird um so stärker, je weiter die internationale gesellschaftliche und wirtschaftliche Verflechtung fortschreitet. Und so ist die ökonomische Integration im Begriff, auf immer mehr Gebieten der volkswirtschaftlichen Entwicklung zur ausschlaggebenden Bedingung der intensiv erweiterten Reproduktion zu werden, die die anderen qualitativen Faktoren (siehe Referat von H. Maier) in ihrer Wirksamkeit beeinflußt und zugleich extensive Wachstumsprozesse immer mehr "überlagert" und "zurückdrängt". "Die marxistisch-leninistischen Parteien erblicken in der sozialistischen ökonomischen Integration den Hauptweg der Intensivierung der wirtschaftlichen Beziehungen, der Eroberung führender Positionen in Wissenschaft und Technik, der Verwirklichung des leninschen Vermächtnisses, die höchste Arbeitsproduktivität zu erreichen."[3]

Das erfordert vor allem, die einzelnen Volkswirtschaften und ihre Leitung und Planung "integrationsgemäß" zu entwickeln, das heißt als "Bausteine" eines internationalen Verflechtungsprozesses, der sehr langfristig zu einem einheitlichen Wirtschaftsorganismus der RGW-Länder führen wird.

Für die planmäßige Vertiefung der sozialistischen ökonomischen Integration zwischen den RGW-Ländern ist unter anderem die weitere theoretische Ausarbeitung folgender Probleme von besonderer Bedeutung:

- Inhalt, Leitung und volkswirtschaftliche Einordnung komplexer Vorhaben der internationalen sozialistischen Spezialisierung und Kooperation in Wissenschaft und Produktion;

- Aufgaben und Inhalt des zusammengefaßten Planes der abgestimmten Integrationsvorhaben, der gemeinsamen Planung der RGW-Länder und des Planteils "sozialistische ökonomische Integration";

- die Sicherung der Interessenübereinstimmung zwischen Betrieb, Zweig und Volkswirtschaft im ökonomischen Integrationsprozeß;

- Grundfragen der Leitung, Planung und wirtschaftlichen Rechnungsführung im Rahmen internationaler Wirtschaftsvereinigungen.[4]

Im folgenden sollen vor allem ausgewählte Probleme der internationalen wirtschaftlichen Verflechtung und Fragen der Messung des Einflusses der sozialistischen ökonomischen Integration auf die intensive Reproduktion zur Diskussion gestellt werden.

2. Einheitliches Hauptkriterium von Intensivierung und ökonomischer Integration

Das entscheidende Kriterium der volkswirtschaftlichen Intensivierung und auch der sozialistischen ökonomischen Integration besteht darin, den Gesamtaufwand an lebendiger und vergegenständlichter Arbeit je Erzeugnis zu senken, "wohlfeiler", das heißt mit höherem ökonomischen Nutzeffekt zu produzieren, also mit den verfügbaren Ressourcen durch ihre internationale Verflechtung mehr Gebrauchswerte zu erzeugen. Offensichtlich wird es notwendig, die Bedingungen für die Anwendung dieses Hauptkriteriums im Integrationsprozeß der RGW-Länder wie auch Teilkriterien auszuarbeiten.

Folgende Schwerpunkte zur Steigerung der Effektivität und der Produktivität der gesellschaftlichen Arbeit durch die ökonomische Integration sind besonders herauszustellen:

1. die enge Koordinierung und schrittweise Vereinigung der Anstrengungen der RGW-Länder bei der Nutzung der Errungenschaften von Wissenschaft und Technik;

2. die Vertiefung der internationalen und der volkswirtschaftlichen Spezialisierung und Kooperation mit dem Ziel, den Konzentrationsgrad in Wissen-

schaft und Produktion zu erhöhen. Der größere Umfang der Produktion spezialisierter Erzeugnisse wie auch die relative Einschränkung, die ständige Erneuerung und Weiterentwicklung der Sortimente ermöglichen die Anwendung produktiverer Technologien und effektivere Produktionsserien;

3. der effektivere Einsatz der Investitionen. Ihre internationale Koordinierung gestattet

- den gemeinsamen Einsatz volkswirtschaftlicher Fonds zur effektiven Sicherung der Rohstoff-, Brennstoff- und Materialversorgung der RGW-Länder;
- die Konzentration der Mittel auf abgestimmte Schwerpunktaufgaben und die Verkürzung der Investitionszeiten;
- die bessere Auslastung neuer oder erweiterter Kapazitäten, die die Umschlagszeit der Fonds verkürzen, die Produktionskosten senken und den wissenschaftlich-technischen Fortschritt beschleunigen;

4. die Sicherung der Kontinuität und langfristigen Stabilität des Entwicklungstempos wie der Struktur der einzelnen Volkswirtschaften.

Die positiven Effekte bestehen dabei vor allem in der kontinuierlichen Vervollkommnung volkswirtschaftlicher Strukturen und Grundproportionen und in ihrem Rahmen insbesondere der langfristig stabilen Produktions-, Export- und Importlinien.

Die sozialistische ökonomische Integration wirkt also vielfältig auf die Intensivierung der volkswirtschaftlichen Reproduktion ein. Folglich beeinflußt sie in dem Maße ihrer Vertiefung nicht nur den Grad der volkswirtschaftlichen Intensivierung, sondern zugleich auch immer mehr Umfang und Hauptrichtung der intensiv erweiterten Reproduktion in den RGW-Ländern.

3. Zum Zusammenhang von extensiver und intensiver Reproduktion im Integrationsprozeß der RGW-Länder

Wie die volkswirtschaftliche Entwicklung, so ist auch der Integrationsprozeß durch die Einheit von intensiver und extensiver Reproduktion gekennzeichnet. Während praktische Schritte der RGW-Länder, wie zum Beispiel die Investbeteiligungen zur Rohstoffsicherung und komplexe Vorhaben der internationalen Spezialisierung und Kooperation, von der effektiven Kombination extensiver und intensiver Reproduktionsformen aus der Sicht des Integrationsprozesses zeugen, tritt in der theoretischen Diskussion noch häufig ein Nebeneinander beider Formen aus "nationaler Sicht" auf. Dem wären vor allem drei Thesen entgegenzusetzen:

1. Durch die Erweiterung und Vertiefung der sozialistischen internationalen Arbeitsteilung im Integrationsprozeß ergeben sich bei der Rohstoff-, Brennstoff- und Energieproduktion sowohl Möglichkeiten für eine effektivere Lösung extensiver volkswirtschaftlicher Vorhaben (zum Beispiel den Ausbau unserer Elektroenergiebasis) als auch Bedingungen für die intensive gemeinsame Lösung dieser Probleme für die beteiligten Integrationspartner in der Staatengemeinschaft. Hierbei entstehen auch für unsere Volkswirtschaft Anforderungen, die materiell und zeitlich so zu koordinieren sind, daß zum Beispiel die Proportionen zwischen Energieproduktion, Energieübertragung und Energieumwandlung langfristig rationeller werden. Auf diesem Gebiet wird es also durch eine extensive Reproduktion im Rahmen der Staatengemeinschaft überhaupt möglich, die intensive Entwicklung in den einzelnen RGW-Ländern langfristig durchzusetzen.

2. Auf Grund des höheren Grades der internationalen Verflechtung ist in der verarbeitenden Industrie der Zusammenhang zwischen intensiven und extensiven Reproduktionsformen weitaus enger. Nehmen wir Vorhaben der internationalen Spezialisierung und Kooperation in der metallverarbeitenden und auch in der Leichtindustrie, so zeigen zahlreiche Beispiele (Landmaschinenbau, Baumaschinenproduktion, Schuhindustrie), daß geringe Produktionserweiterungen aus der Sicht der beteiligten Partner die intensive Reproduk-

tion nicht nur ermöglichen oder verstärken, sondern dauerhaft zum vorherrschenden Reproduktionstyp machen.

3. Es wäre vereinfacht, die Formen der ökonomischen Integration generell in extensive und intensive einzuteilen. So werden mitunter die internationale Produktionsspezialisierung, der internationale Warenaustausch, die Ausbildung von Kadern wie auch der internationale Austausch von Dienstleistungen als intensive und demgegenüber internationale Kredite, internationale Arbeitskräftebewegungen und die unentgeltliche Hilfe der RGW-Länder als extensive Wachstumsfaktoren bezeichnet. Eine solche Einteilung in extensive und intensive Faktoren wird dann einseitig sein, wenn sie von den konkreten Prozessen der internationalen wirtschaftlichen Verflechtung getrennt vorgenommen wird. Ausschlaggebend für die Beurteilung der Formen des Integrationsprozesses ist der tatsächliche Grad der internationalen Verflechtung in und zwischen den einzelnen volkswirtschaftlichen Bereichen und Zweigen. So kann Warenaustausch ohne internationale Spezialisierung in Wissenschaft und Produktion durchaus die extensive Reproduktion fördern, wohingegen der koordinierte oder gemeinsame Einsatz von Investitionskrediten zur Rohstoff- und Brennstoffsicherung und beim Ausbau von Produktionskapazitäten kurz- oder zumindest langfristig die vorwiegend intensive Reproduktion ermöglicht.

4. Zur Messung des Einflusses der ökonomischen Integration auf die volkswirtschaftliche Intensivierung

Von besonderem Gewicht für die Ausarbeitung künftiger Integrationsvorhaben ist die Klärung der Frage, welche qualitativen und quantitativen Auswirkungen die ökonomische Integration auf die intensiv erweiterte Reproduktion hat. Weitgehend ungelöst scheinen Messung und Einschätzung des Einflusses der ökonomischen Integration auf den volkswirtschaftlichen Nutzeffekt zu sein. Offensichtlich ist er mit der Differenz zwischen dem produzierten und verfügbaren Nationaleinkommen nicht identisch. Aber auch dieser Frage sollten wir mehr Beachtung schenken; denn mit der steigenden Außenhandelsintensität, des Nationaleinkommens und dem Anwachsen der Investitionsbeteiligungen können sich zeitweilige Unterschiede im Wachstumstempo des produzierten und des verwendeten Nationaleinkommens vergrößern.

Im Mittelpunkt der weiteren Forschungsarbeit müßte vor allem der Einfluß der ökonomischen Integration auf die Entwicklung des produzierten Nationaleinkommens und seine gebrauchswertmäßige Veränderung stehen. Für ausgewählte Verflechtungsprozesse wird es immer wichtiger, den Einfluß der Integration auf die Erhöhung der Arbeitsproduktivität und die Verringerung des gesellschaftlich notwendigen Arbeitsaufwands zu untersuchen.

Zugleich wird eine wichtige Arbeitsrichtung auch darin bestehen, die theoretischen und analytischen Kenntnisse über die Beziehungen zwischen der ökonomischen Integration und den volkswirtschaftlichen Hauptkennziffern weiter zu vertiefen.

Betrachten wir dazu einige Kennziffern, die in der Diskussion besonders herausgestellt werden. Da wäre zuerst die sogenannte Effektivität der Akkumulation, gemessen als das Verhältnis des Zuwachstempos des Nationaleinkommens zum Wachstum der Akkumulationsrate. Für die Jahre 1966 bis 1968 und 1969 bis 1971 erhalten wir in den einzelnen RGW-Ländern folgende Angaben:[5]

	1966 - 1968	1969 - 1971
VR Bulgarien	0, 27	0, 23
Ungarische VR	0, 40	0, 35
DDR	0, 25	0, 22
VR Polen	0, 30	0, 30
UdSSR	0, 30	0, 27
ČSSR	0, 66	0, 32

Natürlich ist der Zeitpunkt für eine Beurteilung des Einflusses der ökonomischen Integration zu kurz. Folglich ist die rückläufige Entwicklung dieser Kennziffer, wenn überhaupt, nur geringfügig von der Integration abhängig.

Setzen wir nun einmal die absolute Entwicklung des Außenhandels der einzelnen RGW-Länder zur absoluten Entwicklung des Nationaleinkommens

Tabelle 1

Quotient[+] Export/Nationaleinkommen ausgewählter RGW-Länder in ausgewählten Jahren von 1955 - 1970

	1955	1960	1965	1966	1967	1968	1969	1970
VR Bulgarien	0, 098	0, 149	0, 208	0, 210	0, 217	0, 221	0, 225	0, 223
Ungarische VR	0, 075	0, 072	0, 104	0, 099	0, 096	0, 093	0, 097	0, 100
DDR	0, 108	0, 130	0, 153	0, 152	0, 156	0, 163	0, 169	0, 177
UdSSR	0, 031	0, 035	0, 038	0, 038	0, 039	0, 039	0, 040	0, 040
ČSSR	0, 063	0, 085	0, 112	0, 101	0, 089	0, 084	0, 082	0, 088

Quelle: Berechnet nach den Statistischen Jahrbüchern der RGW-Länder
UN Statistical Yearbooks 1971 und 1969

+ Quotient $\frac{\text{Export pro Kopf der mittleren Bevölkerung}}{\text{Nationaleinkommen pro Kopf der mittleren Bevölkerung}}$

und der Investitionen im Laufe der 60er Jahre ins Verhältnis. Statistisch entstehen dabei zahlreiche Probleme, die wir hier vernachlässigen können, weil es vorrangig um die Darstellung der Entwicklungstendenz geht.

Die Angaben über die Kennziffer "Export pro Kopf der Bevölkerung : Nationaleinkommen pro Kopf der Bevölkerung" (vgl. Tabelle 1) gestatten folgende Schlußfolgerungen:

a) Sie zeigen in allen RGW-Ländern eine überwiegend steigende Tendenz. Aufgrund der Unterschiede im volkswirtschaftlichen Potential und im Grad der internationalen Verflechtung weisen sie zum Teil beträchtliche Unterschiede auf.

b) Trotz insgesamt steigenden Trends hat die sozialistische internationale Arbeitsteilung seit 1965 nicht zu einer beträchtlichen Erhöhung der Kennziffer geführt. Die Angaben weisen aus, daß die Verflechtung zwischen den RGW-Ländern bisher volkswirtschaftlich nur gering spürbar ist und man von einem "intensiven" Wachstumsverhältnis zwischen Export und Nationaleinkommen p. c. nur bedingt sprechen kann.

Vergleichen wir den absoluten Zuwachs des Exporte und Imports in 5-Jahreszeiträumen mit der entsprechenden absoluten Steigerung des Nationaleinkommens (vgl. die Tabelle 2), so zeigt sich:

Tabelle 2

Quotient Δ Export beziehungsweise Δ Import/Nationaleinkommen ausgewählter RGW-Länder von 1955 bis 1970 (im Fünfjahresdurchschnitt)

	$\frac{\Delta \text{Export}}{\Delta \text{Nationaleinkommen}}$			$\frac{\Delta \text{Import}}{\Delta \text{Nationaleinkommen}}$		
	1955/60	1960/65	1965/70	1955/60	1960/65	1965/70
VRB	0, 235	0, 329	0, 249	0, 268	0, 297	0, 196
UVR	0, 067	0, 262	0, 093	0, 103	0, 224	0, 113
DDR	0, 185	0, 276	0, 259	0, 206	0, 197	0, 349
VRP	0, 011	0, 023	0, 025	0, 015	0, 022	0, 024
UdSSR	0, 041	0, 048	0, 043	0, 050	0, 045	0, 034
ČSSR	0, 187	0, 588	0, 057	0, 189	0, 663	0, 053

Quelle: Berechnet nach den Statistischen Jahrbüchern der RGW-Länder
UN Statistical-Yearbooks 1969, 1971

a) Der Trend ist hier im wesentlichen der gleiche.

b) Zugleich wird sichtbar, daß der Umfang des Außenhandelszuwachses im Vergleich zum Nationaleinkommenszuwachs in der DDR, der ČSSR, aber auch in der VR Bulgarien und der Ungarischen VR bereits beachtliche Ausmaße erreicht hat. Mit fortschreitender Integration ist ein weiteres Ansteigen auch dieser Kennziffer zu erwarten.

Beide Kennziffern sind aber für die Messung des Einflusses der ökonomischen Integration auf die volkswirtschaftliche Intensivierung wahrscheinlich deshalb kaum geeignet, weil die Vertiefung der ökonomischen Integration sowohl auf die Steigerung des Nationaleinkommens als auch des Außenhandelsumsatzes einwirkt. Sie muß auch nicht unbedingt ein Steigen der Vorrangigkeit im Wachstum des Außenhandelsumsatzes gegenüber dem Nationaleinkommen zur Folge haben.

Bessere Aufschlüsse gestatten die Vergleiche zwischen dem absoluten Zuwachs von Export und Import einerseits und der Industrieinvestitionen andererseits (vgl. die Tabelle 3).

Tabelle 3

Quotient Δ Export beziehungsweise Δ Import/Investitionen in der Industrie ausgewählter RGW-Länder von 1955 bis 1970 (im Fünfjahresdurchschnitt)

	Δ Export / Δ Investitionen in der Industrie			Δ Import / Δ Investitionen in der Industrie		
	1955/60	1960/65	1965/70	1955/60	1960/65	1965/70
VRB	1,936	1,675	1,346	2,207	1,512	1,063
UVR	0,515	1,526	0,712	0,794	1,308	0,868
DDR	0,882	1,102	1,098	0,981	0,786	1,480
VRP	0,140	0,197	0,206	0,194	0,185	0,198
UdSSR	0,306	0,399	0,495	0,367	0,370	0,393
ČSSR	0,433	1,314	1,042	0,438	1,484	0,965

Quelle: Berechnet nach den Statistischen Jahrbüchern der RGW-Länder
UN Statistical-Yearbooks 1969, 1971

Sie zeigen, daß die Realisierung der Investitionen in den RGW-Ländern in bedeutendem Maße von der Außenhandelsentwicklung abhängt.

Abgesehen von den wiederum auftretenden Unterschieden zwischen den RGW-Ländern, sind wohl vor allem drei Schlußfolgerungen wesentlich:

a) Insbesondere in der DDR, der ČSSR und der VR Bulgarien zeigt sich in der 1. Hälfte der 60er Jahre eine zunehmend engere Beziehung zwischen beiden Prozessen auf der Exportseite. Diese stärker exportorientierte Investitionspolitik ist durchaus ein Anzeichen für die intensive Reproduktion.

b) Die Realisierung der Investitionen ist - vor allem in der DDR - stärker mit der Importentwicklung verbunden, als sie auf die Erhöhung der Exportfähigkeit der Volkswirtschaft positiv einwirkt. In der VR Bulgarien verschob sich diese Relation deutlich zugunsten einer wachsenden Steigerung der Exporte durch die Investitionspolitik.

c) Für die intensive Reproduktion ist die Proportion zwischen Exportsteigerung der Investitionen und deren Einwirkung auf die Importerhöhung ein sehr wichtiges Kriterium im Hinblick auf die Förderung des Zahlungsbilanzausgleichs.

Zusammenfassend ist zum Problem der Messung festzustellen:

a) Die betrachteten volkswirtschaftlichen Kennziffern lassen keinen eindeutigen Schluß über das Ausmaß der Intensivierung durch die sozialistische internationale Arbeitsteilung zu.

b) Die zum Teil unterseniedlichen Entwicklungstendenzen der untersuchten Kennziffern deuten auch darauf hin, daß die zahlreichen Wirkungen der Verflechtungsprozesse zwischen den RGW-Ländern sich volkswirtschaftlich nur geringfügig bemerkbar machen und sich mit diesen synthetischen Kennziffern nur bedingt nachweisen lassen.

5. Zur volkswirtschaftlichen Verflechtung der RGW-Länder

Mit der sozialistischen ökonomischen Integration eröffnen sich viele Möglichkeiten für die planmäßige Nutzung intensiver Formen der volkswirtschaftlichen Verflechtung zwischen den RGW-Ländern, vor allem mit der Sowjetunion als dem Kern der Verflechtungsprozesse. Die traditionelle Verflechtung über den Außenhandel wird durch die zunehmend innerzweigliche Verknüpfung in Wissenschaft, Technik und Produktion, die sozialistische Internationalisierung von Produktivkräften und Produktionsverhältnissen weiterentwickelt.[6]

Die bisherigen Erfahrungen bei der Verbindung von volkswirtschaftlichen und internationalen Reproduktionsbedingungen der RGW-Länder werfen das Problem auf, in welchen Hauptformen sich die internationale Verflechtung in den verschiedenen Wirtschaftsbereichen vollzieht und künftig gestalten soll.

Gegenwärtig zeichnen sich folgende Hauptformen der weiteren Wissenschafts- und Produktionsverflechtung mit der Sowjetunion ab:

- die Investitionsbeteiligung der RGW-Länder zur Lösung des Rohstoff-, Brennstoff-, Energie- und Materialproblems in der sozialistischen Staatengemeinschaft;
- die komplexe zwei- und mehrseitige internationale Spezialisierung und Kooperation ausgewählter Erzeugnisgruppen und Zweige in Wissenschaft, Technik und Produktion;
- die Herausbildung internationaler Wirtschaftsvereinigungen der RGW-Länder in ausgewählten Industriezweigen als intensive Form der internationalen Konzentration in Wissenschaft, Technik und Produktion.

Die progressiv wachsende Investbeteiligungen der DDR reichen in ihren volkswirtschaftlichen Verflechtungen weit über jene Kreditsumme hinaus, die im Volkswirtschaftsplan für 1974 mit 500 Millionen Valuta-Mark festgelegt wurde. Dabei entstehen Import- und Exportbedürfnisse. Offensichtlich kommt es darauf an, die Voraussetzungen für die Erweiterung dieser Investbeteiligungen durch die volkswirtschaftliche Programmplanung langfristig vorzubereiten. Diese Vorhaben, die ja von mehreren RGW-Ländern gemeinsam mit der Sowjetunion realisiert werden, sollten, zumindest perspektivisch, auch mit mehrseitigen Programmen der internationalen Spezialisierung und Kooperation verbunden werden. Da die erforderlichen Warenfonds Veränderungen unterliegen, bietet ihre koordinierte Bereitstellung durch mehrere beteiligte RGW-Länder auf der Grundlage der internationalen Spezialisierung und Kooperation eher die Möglichkeit, Reibungsverluste durch Strukturveränderungen einzuschränken.

Vor allem aber versetzt uns das in die Lage, volkswirtschaftliche Aufgaben der Sowjetunion bei der Nutzung ihrer Außenwirtschaftsbeziehungen effektiver zu unterstützen.

Von besonderer Kompliziertheit sind die Einflüsse dieser Verflechtungen auf die Volkswirtschafts- und Zweigstrukturen der RGW-Länder. Gegenwärtig haben wir weder das Produktivitätsniveau noch die Produktionsstruktur und den Grad der internationalen Verflechtung der Volkswirtschaften erreicht, die für die Wirtschaft des entwickelten Sozialismus charakteristisch sind. In allen europäischen RGW-Ländern wurden (auch durch den Einfluß der ökonomischen Integration) Fortschritte bei der Herausbildung und Annäherung industrieller Grundstrukturen erreicht. Im Unterschied zu anderen Auffassungen in der marxistischen Literatur vertreten wir die Ansicht, daß sich diese Grundstruktur noch nicht herausgebildet und vollständig angenähert hat. Dabei lassen wir uns von folgenden wichtigen Kriterien einer Grundstruktur leiten:

- In der Industrie werden 50 bis 60 Prozent des Nationaleinkommens produziert;
- das volkswirtschaftliche Gewicht des Maschinenbaus, der Elektrotechnik/Elektronik, der Chemie und der Energieproduktion nimmt zu, die Anteile dieser Bereiche an der Industrieproduktion der RGW-Länder nähern sich an und erreichen in den einzelnen Ländern unter Beibehaltung von Unterschieden eine relativ beständige Größe;
- innerhalb der Industriebereiche erfolgt eine tiefgehende internationale und nationale Spezialisierung der Zweige entsprechend den spezifischen volkswirtschaftlichen Bedingungen;
- der Grad der internationalen Verflechtung aller wichtigen Industriezweige wächst, was sich in steigenden Export- und Importquoten der Produktion beziehungsweise des Verbrauchs niederschlägt;
- die Anteile von modernen Produktionsinstrumenten, insbesondere von Maschinen und Ausrüstungen, wie auch von industriellen Konsumgütern am Außenhandel der RGW-Länder erreichen einen bedeutenden Anteil und nähern sich immer mehr an.

"Kern" der entstehenden industriellen Grundstruktur der entwickelten sozialistischen Gesellschaft wird in den europäischen RGW-Ländern eine bestimmte Zahl von "führenden" oder "Basis"-Zweigen und Erzeugnisgruppen in Produktion und Außenhandel sein, die ein hohes Entwicklungsniveau aufweisen, den spezifischen volkswirtschaftlichen Bedingungen weitgehend entsprechen und international eng verflochten sind. Gegenwärtig zeigen sich hier noch viele ökonomisch unbegründete Parallelentwicklungen, die durch die internationale Verflechtung weiter zu verringern sind.

Die volkswirtschaftliche Strukturpolitik zugunsten der intensiven Reproduktion erfordert also vor allem die verstärkte innerzweigliche Verflechtung, die Modernisierung und die Konzentration der Produktions- und der Außenhandelsstrukturen, die international langfristig koordiniert und durch zunehmend mehrseitige Vorhaben der internationalen Spezialisierung und Kooperation durchgesetzt werden müssen.

Damit entstehen neue Bedingungen für die Vervollkommnung zahlreicher volkswirtschaftlicher Proportionen. Das modifiziert aber die volkswirtschaftlichen Grundproportionen wertmäßig auf Grund des geringen Standes der internationalen Verflechtung in der nächsten Zeit nur in geringem Maße. So wird die Notwendigkeit der vorrangigen Entwicklung der Schwerindustrie und der Abteilung I gegenüber der Abteilung II durch die ökonomische Integration gegenwärtig und auf absehbare Zeit keineswegs aufgehoben. Es ergeben sich jedoch für die effektive Gestaltung dieser Proportionen in den einzelnen Ländern der sozialistischen Staatengemeinschaft neue, günstigere Bedingungen. Wir müssen vor allem die Einflüsse des Integrationsprozesses auf Gestaltung und Realisierung der volkswirtschaftlichen Proportionen analysieren, weil darin viele Reserven für die Intensivierung der gesellschaftlichen Reproduktion liegen.

Zu einer fortgeschrittenen Form der internationalen Verflechtung werden sich die internationalen Wirtschaftsvereinigungen der RGW-Länder entwickeln. Hier wirkt sich das gemeinsame Interesse der beteiligten Partner an der wissenschaftlichen Vorbereitung und effektiven Durchführung der Produktion unmittelbar auf den Reproduktionsprozeß ausgewählter Zweige aus. Folglich entstehen schrittweise Möglichkeiten für eine gemeinsame Leitung auf der Grundlage der wirtschaftlichen Rechnungsführung. In dieser Form der internationalen Verflechtung entwickeln sich begründete Ansatzpunkte für die These, wonach sich komplexe internationale Reproduktionsbeziehungen (in der Literatur auch: internationale Reproduktionskomplexe) zwischen den RGW-Ländern herausbilden werden.

Solche Bedingungen können auch im Prozeß der gemeinsamen Entwicklung und Produktion von Maschinen- oder anderen Erzeugnissystemen entstehen. Und eine dritte Form der Entfaltung internationaler Reproduktionskomplexe zeichnet sich mit den Olefineprogrammen der RGW-Länder ab.

Entsprechend dem Konferenzthema wurden vor allem zwei Fragenkomplexe behandelt:

- die Zusammenhänge zwischen ökonomischer Integration und intensiver Reproduktion (einschließlich ihrer Analyse);
- die volkswirtschaftliche Verflechtung zwischen den RGW-Ländern und einige ihrer Einflüsse auf die Vervollkommnung der Volkswirtschaftsstruktur.

Zugleich sollten wir uns in der Diskussion aber auch mit Problemen der gemeinsamen Planungstätigkeit der RGW-Länder und der Vervollkommnung der Leitung und Planung der Volkswirtschaften beschäftigen, auf deren Grundlage die intensive Reproduktion als international koordinierter Prozeß der volkswirtschaftlichen Verflechtung nur zu verwirklichen ist.

Anmerkungen

1 Vgl. Erich Honecker, Mit neuen Erfolgen zum 25. Jahrestag der DDR, Materialien der 12. Tagung des ZK der SED, Berlin 1974, S. 84/85.

2 Vgl. dazu Thesen und Bericht der 7. Tagung, in: Wirtschaftswissenschaft, 4/1974, S. 481 ff. und S. 559 ff.

3 K. Katuschew, Die Hauptrichtung. Über den Prozeß und die objektive Notwendigkeit des weiteren Zusammenschlusses der sozialistischen Länder, in: Probleme des Friedens, 8/1973, S. 1018.

4 Vgl. dazu auch: Willi Kunz/Karl-Heinz Stiemerling, Sozialistische ökonomische Integration und Leitung, in: Einheit, 3/1974, S. 286 ff.

5 Die Berechnung dieser und der folgenden Angaben wurde von der Statistisch-Analytischen Rechengruppe des Zentralinstituts für Wirtschaftswissenschaften ausgeführt.

6 Vgl. dazu auch Gerhard Huber/Peter Sydow, Sozialistische Produktionsverhältnisse und ökonomische Integration der RGW-Länder, in: Einheit, 5/1974, S. 562 ff.

Hans Schilar

INTENSIVIERUNG DES VOLKSWIRTSCHAFTLICHEN REPRODUKTIONS-PROZESSES UND PROBLEME DER MODELLIERUNG

Die Diskussion stand unter dem Leitmotiv, daß die Entwicklung und Anwendung ökonomisch-mathematischer Modelle sowie der elektronischen Rechentechnik wichtige Elemente der Weiterentwicklung des Leitungs- und Planungssystems darstellen und somit selbst entscheidende Intensivierungsfaktoren sind. Grundlage für die Diskussion bildeten Thesen der Forschungsgruppe "Modellierung" des Zentralinstituts für Wirtschaftswissenschaften, die zum Teil gemeinsam mit der Abteilung für Langfristige Planung der Staatlichen Plankommission erarbeitet wurden, sowie drei gesonderte schriftliche Beiträge, deren Thematik Ergänzungen und Präzisierungen der genannten "Thesen" darstellten. Die vorgelegten "Thesen" selbst stellen Zwischenergebnisse der Forschungsgruppe "Modellierung" dar, deren theoretisch-methodologischer und praktisch-empirischer Charakter und Reifegrad unterschiedlich zu werten sind. Zu folgenden Problemkreisen wurden Thesen vorgelegt:

1. ausgewählte Probleme der ökonometrischen Modellierung volkswirtschaftlicher Grundproportionen;
2. Probleme der Modellierung einer sozialistischen Nutzensfunktion;
3. zur Darstellung ökonomischer Zusammenhänge zwischen den materiellen und einigen nichtmateriellen Bereichen mit Hilfe der volkswirtschaftlichen Verflechtungsbilanz.

Die Diskussion zum ersten Problemkreis wurde mit einer Einordnung der im Thesenmaterial behandelten ausgewählten Fragen der Konsumtion und Investitionen in das ökonometrische Gesamtmodell eröffnet. Es wurde davon ausgegangen, daß es zur besseren Begründung der Volkswirtschaftspläne erforderlich ist, die analytische und prognostische Arbeit weiterzuentwickeln, und zwar mit dem Ziel, eine hohe Qualität der Pläne, die Kernstücke der sozialistischen Leitung darstellen, zu sichern. Hierfür bieten sich neben anderen vor allem auch mathematisch-statistische Methoden und spezielle Modelle vom ökonometrischen Typ an. Ihre Ausnutzung, Entwicklung und praktische Erprobung entspricht seit geraumer Zeit einem Trend in allen sozialistischen Ländern. Unter einem ökonometrischen Modell wird dabei ein System von miteinander zusammenhängenden Regressionsgleichungen und Bilanzbeziehungen zwischen wichtigen Kennziffern des Reproduktionsprozesses verstanden. Sein Einsatz im Prozeß der Erarbeitung gesamtvolkswirtschaftlicher Ansätze für mittel- und langfristige Pläne ist gegenwärtig auch in der DDR nicht mehr nur eine theoretische, sondern bereits eine praktisch-relevante Frage geworden. So kann auf die Erarbeitung und Erprobung eines dynamischen ökonometrischen Modells (DÖM-1), eines dynamischen Simulationsmodells (DSM) und eines modifizierten und erweiterten dynamischen ökonometrischen Modells (DÖM-1A) verwiesen werden.

Alle diese Modellansätze sind einsektoral und beschreiben in hochaggregierter Form die Bildung und Verwendung des Nationaleinkommens. Geht man nun zu einem mehrsektoralen Ansatz über, so werden eine Reihe neuer Probleme aufgeworfen. Zwei Aufgaben, die es in diesem Rahmen zu lösen gilt, sind dabei besonders wichtig, und zwar die Modellierung des Konsumtionsprozesses und die Verteilung des Akkumulationsfonds auf den produzierenden und nichtproduzierenden Bereich. Diese Aufgaben stehen in enger Wechselbeziehung zu anderen wichtigen Schwerpunkten der ökonometrischen Modellierung, wie der Bevölkerungs- und Arbeitskräfteentwicklung, der Entwicklung des gesellschaftlichen Gesamtprodukts und des Nationaleinkommens, der Außenwirtschaft und der Grundfondsreproduktion. Von diesem mehrsektoralen ökonometrischen Modellansatz, der zur Zeit in Zusammenarbeit mit der Staatlichen Plankommission entwickelt wird, erwartet man vor allem eine Antwort auf die Frage, wie ein bestimmtes bedarfsgerecht strukturiertes Nationaleinkommen durch den Einsatz der vorhandenen volkswirtschaftlichen Ressourcen, der Akkumulationsmittel und die Entwicklung der Effektivität erreicht werden kann. In diesem Zusammenhang wurde herausgestellt, daß die Verteilung der Investitionen auf den produzierenden und nichtproduzierenden Bereich und innerhalb des produzierenden Bereichs auf die einzelnen Sektoren nur im Zusammenhang mit der Gestaltung des Verhältnisses von Arbeitsproduktivität und Durchschnittslohn sowie der Umverteilungsprozesse des Nationaleinkommens erfolgen kann. Die Beziehung Arbeitsproduktivitätssteigerung und Durchschnittslohnentwicklung stellt eine entscheidende Steuergröße des genannten Aufteilungsverhältnisses des Akkumulationsfonds dar. Bezüglich der Modellierung der Konsumtion ist vorgesehen, eine desaggregierte Untersuchung anzustellen, und zwar, um die Beziehung Bedürfnisbefriedigung - Produktion - Investitionen adäquater erfassen zu können, wurde der Einzelhandelsumsatz nach 10 Warengruppen unterteilt. Für jede Warengruppe werden Verbrauchsfunktionen ermittelt, deren Untermauerung durch detaillierte Auswertung der Haushaltsstatistiken erfolgt. Das hierbei gestellte Ziel besteht darin, zu ermitteln, welche Unterschiede in der Verbrauchsstruktur zwischen den verschiedenen Haushaltsgrößen und Einkommensgruppen bestehen und welche Anforderungen an die Struktur der Produktion bei Einkommensänderungen abgeleitet werden müssen. In einem gesonderten Beitrag wurden erste praktische Ergebnisse des Verbrauchs von Waren und bezahlten Leistungen in Abhängigkeit vom Einkommen (dargestellt am 3-Personenhaushalt) vorgestellt. Auf der Grundlage sowohl kombinierter Zahlenreihen (gleichzeitige Verwendung von Querschnitts- und Zeitreihendaten) als auch reiner Querschnittsdaten wurden unter Zugrundelegung der Wirtschaftsrechnungen für Arbeiter- und Angestelltenhaushalte der DDR für 1966 bis 1973 Rechnungen mit dem Ziel durchgeführt, festzustellen, wie sich mit steigendem Einkommen der Verbrauch einer Reihe von Waren und bezahlten Leistungen verändert. Für den betrachteten Zeitraum ergibt sich, daß der aus den Regressionsparametern berechnete Trend nur einen schwach ausgeprägten Verlauf aufweist.

In ebenfalls gesonderten und schriftlich eingereichten Beiträgen wurden Fragen behandelt, welche Rolle die Regressions- und Korrelationsanalyse, speziell einfache und multiple Regressionsgleichungen und ökonometrische Modelle bei der Ausarbeitung von Entscheidungsvarianten und im Prozeß der Auswahl der effektivsten Variante der gesellschaftlichen Reproduktion spielen. Ausgehend von den gesammelten Erfahrungen in der Planungspraxis und den gewachsenen Anforderungen auf dem Gebiet der langfristigen Planung, wurde betont, daß der jetzt zu beschreitende Weg darin bestehen müsse, eine neue Qualität in der Verbindung von normativer und extrapolativer Prognose und Planung zu erreichen. Unter der Annahme, daß die erfaßten analytischen Werte ausreichend wahr sind, bleibt das Problem, daß eine Abbildung der tatsächlichen Wachstumsgesetze der untersuchten Größen nicht a priori mittels Regressionsansätzen möglich erscheint. Deshalb muß der inhaltlichen Erforschung zukünftiger Notwendigkeiten und Möglichkeiten das Hauptaugenmerk gewidmet werden.

Zu Problemen der Datenbasis von Modellen wurde festgestellt, daß jedes Erfassungs- und Aufbereitungssystem genau und rationell sein muß. Die Tatsache, daß die Variablen zum Beispiel in Regressionsfunktionen aus Mengen mit bestimmten Häufigkeitsverteilungen stammen und die den Rechnungen zugrunde gelegten Daten entsprechend Stichprobencharakter haben, muß zur Konsequenz führen, die Genauigkeit der Daten in der Modellkonzeption zu berücksichtigen sowie die Genauigkeit der mit dem jeweiligen Modell und den verwendeten Daten gewonnenen Informationen anzugeben. Es wurde in diesem Zusammenhang darüber informiert, daß gegenwärtig daran gearbeitet wird, auf der Grundlage der Maximum-Likelihood-Methode den Toleranzbereich für Ansatzrechnungen bei der langfristigen Planung makroökonomischer Kennziffern einzuschätzen.

Im weiteren Verlauf der Diskussion wurden zunächst am Beispiel der Grundfondsreproduktion und -planung die Vor- und Nachteile zweier Modellansätze, eines Koeffizientenmodells und eines ökonometrischen Modellansatzes diskutiert. Beide Modelle sind hochaggregiert und einsektoral. Mit diesen beiden Ansätzen wurden lang-, mittel- und kurzfristige ex-post-Prognose-Rechnungen durchgeführt. Das Ziel der Rechnungen bestand darin, festzustellen, wie groß die durchschnittliche Abweichung der errechneten von den Ist-Werten bei den beiden genannten Modellen sowie bei Annahme eines Ansatzes auf der Grundlage eines exponentiellen Wachstums ist, und zwar differenziert für lang-, mittel- und kurzfristige Zeiträume. Die Ergebnisse zeigen, daß bei den getroffenen Annahmen und langfristigen Betrachtungen der Ansatz auf der Grundlage eines exponentiellen Wachstums die den Ist-Daten am nächsten kommenden Werte ausweisen; bei mittelfristigen Zeiträumen und vor allem bei Untersuchungen über kurze Zeiträume liefert der ökonometrische Ansatz befriedigendere Aussagen.

Die sich an diese mündlichen und an die besprochenen schriftlichen Ausführungen knüpfende Debatte berührt eine Reihe wichtiger, zum Teil den ersten Diskussionsschwerpunkt direkt berührender, aber auch über ihn hinausgehender Fragen von allgemeinem Interesse. Dazu zählten insbesondere:

- Funktion und Anwendungssphäre simultaner Gleichungssysteme;
- Rolle von Steuergrößen in ökonomisch-mathematischen Modellen generell und in ökonometrischen Modellen im besonderen. (In der Diskussion, die sich an der These entzündete, wonach die Beziehung Arbeitsproduktivität zu Durchschnittslohn im vorgelegten Modellansatz eine Art Steuergröße darstellt, wurde richtig darauf hingewiesen, daß dieser Begriff stets an ein definiertes Ziel geknüpft ist.)

Die Diskussion zum zweiten Schwerpunkt wurde mit der Begründung der Notwendigkeit der Entwicklung einer Nutzensfunktion eingeleitet. Sie ergibt sich grundsätzlich aus den Erfordernissen des ökonomischen Grundgesetzes, die unter anderem darin bestehen, den Grad der Bedürfnisbefriedigung quantitativ zu erfassen, das heißt zu messen. Entsprechend der sozialökonomisch bedingten neuen Rolle und Funktion des Gebrauchswertes im Prozeß der Zielrealisierung ergibt sich die Aufgabe seiner Bewertung. Dieses Problem sahen die Klassiker des Marxismus-Leninismus voraus, als sie schrieben, daß in der sozialistischen Gesellschaft der Gebrauch nicht mehr von dem Minimum der Produktionszeit abhängen wird, sondern daß die Produktionszeit, die man den verschiedenen Gegenständen widmet, durch ihre gesellschaftliche Nützlichkeit bestimmt wird.[1] Oder an anderer Stelle: "Allerdings wird auch dann die Gesellschaft wissen müssen, wieviel Arbeit jeder Gebrauchsgegenstand zu seiner Herstellung bedarf. Sie wird den Produktionsplan einzurichten haben nach den Produktionsmitteln, wozu besonders auch die Arbeitskräfte gehören. Die Nutzeffekte der verschiednen Gebrauchsgegenstände, abgewogen untereinander und gegenüber den zu ihrer Herstellung nötigen Arbeitsmengen, werden den Plan schließlich bestimmen."[2] Die gesellschaftliche Nützlichkeit der Gebrauchsgüter wird demzufolge von Marx und Engels als jener Faktor angesehen, der in der kommunistischen Gesellschaftsformation wesentlich die Produktionsstruktur und die Effektivität der gesellschaftlichen Produktion bestimmt.

Der Nutzen beziehungsweise die Nützlichkeit sind eng mit dem Begriff des gesellschaftlichen Gebrauchswerts verbunden. Der Nutzen ist demzufolge als gesellschaftliche Bewertung eines Gebrauchswertes, als Verhältnis der Gesellschaft zu einem gegebenen Gebrauchswert aufzufassen, wobei dieses Verhältnis wesentlich von den Produktionsverhältnissen bestimmt ist.

Ausgehend von einer solchen Definition ist der Nutzen meßbar. In methodologischer Hinsicht sind bei einer solchen Messung allerdings zwei grundlegend verschiedene, sich in der Wirtschaftspraxis oft überschneidende Aspekte zu unterscheiden, zum einen die gesellschaftliche Bewertung verschiedener nichtsubstituierbarer konkreter Gebrauchswerte zu einem gegebenen Zeitpunkt (a) und zum anderen die gesellschaftliche Bewertung der Gebrauchswerte in der Zeit (b).

a) Bedürfnisse entwickeln sich immer komplex, in enger wechselseitiger Abhängigkeit. Anders ausgedrückt, ein bestimmtes Lebensniveau setzt immer die gleichzeitige Befriedigung sehr vieler Bedürfnisse voraus. Aus dieser Sicht scheint es sinnvoll und zweckmäßig, den gesellschaftlichen Nutzen nicht auf ein einzelnes Gut zu beziehen, sondern auf ein Gütersortiment, mit dem alle wichtigen Bedürfnisse der Menschen befriedigt werden. Verschiedene Gütersortimente würden sich also weniger dadurch unterscheiden, daß sie unterschiedliche Bedürfnisse befriedigen als vielmehr dadurch, daß sie ein unterschiedliches Lebensniveau realisieren. Die Bindung des gesellschaftlichen Nutzens an die Befriedigung eines bestimmten Bedürfniskomplexes löst jedoch auch noch nicht alle Probleme. So bleibt die entscheidende Frage offen,

- ob eine absolute Maßeinheit des gesellschaftlichen Nutzens denkbar ist, mit deren Hilfe unterschiedliche Lebensniveaus quantitativ gemessen werden können;

- oder ob es ausreichend ist, für die gesellschaftliche Bedeutung beispielsweise verschiedener Konsumgütervarianten eine Rangfolge im Sinne "besser", "schlechter" oder "äquivalent" anzugeben.

b) Über die Nutzensmessung in der Zeit wird in der marxistischen Literatur schon seit Jahren ein Meinungsstreit geführt. Aus der Sicht einer sozialistischen Nutzensfunktion sind vor allem zwei Fragen von Interesse:

- Erstreckt sich die Zeitpräferenz auf die gesamte Masse der Konsumgüter oder nur auf den Konsumgüterzuwachs?
- In welchem Maße nimmt der Nutzen des Konsumgüterzuwachses im Zeitverlauf ab?

Für die Konstruktion einer sozialistischen Nutzensfunktion bieten sich, ausgehend von den bisher gesammelten internationalen Erfahrungen, folgende Ansätze an:

- Approximation der Funktion durch eine Taylorreihe bis zu den Gliedern zweiter Ordnung und Ermittlung der notwendigen Angaben für die ersten und zweiten Ableitungen aus der Einkommens- und Verbrauchsstatistik oder durch Befragungen;
- Herleitung einer additiven Nutzensfunktion aus den statistisch ermittelten direkten (Nichtkreuz-)Elastizitäten oder Engelkurven und Anwendung dieser Funktion in Verbindung mit der Budgetgleichung;
- Aufbau der Funktion beziehungsweise einer Approximationsfunktion, ausgehend von statistischen Untersuchungen über die tatsächliche Konsumtionsstruktur und den Ergebnissen von Expertenbefragungen über die gesellschaftliche Bewertung dieser Strukturen;
- Bestimmung der Funktion für einen durch obere und untere Grenzen beschränkten Auswahlbereich, ausgehend von einer bestimmten Hypothese über die Form der marginalen Substitutionsrate.

Die sich hieran anschließende Diskussion konzentrierte sich auf die mit der Nutzensproblematik verbundenen politökonomischen Grundlagen und auf erste Vorstellungen der Erarbeitung einer Nutzensfunktion.

Zunächst wurde begrüßt, daß das Nutzensproblem aufgeworfen wird. Daran schlossen sich Überlegungen zur Aggregation des Nutzens in einer Kennziffer an, wobei eine Aggregation auf Basis sozial-indifferenter Durchschnittsgesamtheiten abgelehnt wurde. Gleichfalls sprach man sich dafür aus, daß eine Nutzensäquivalenz bei nichtsubstituierbaren Gebrauchswerten nicht gegeben sei. Daher seien die Präferenzen für die Entwicklung der Konsumtionsstruktur zu bestimmen, was vorrangig ein politökonomisches Problem sei und eine empirische Bedürfnisforschung voraussetze.

Die Nutzensproblematik wird ebenfalls als ein Beitrag zur weiteren Klärung von Effektivitätsproblemen bei der Intensivierung des Reproduktionsprozesses angesehen. Dabei hob einer der Diskussionsredner hervor, daß er sich mit der in den vorgelegten Thesen getroffenen Aussage, wonach der Wert im Sozialismus die Funktion habe, Vermittler des Gebrauchswerts im Austauschprozeß zu sein, nicht einverstanden erklären könne. Nach Meinung des Redners muß die Dialektik von Wert und Gebrauchswert tiefgründiger erfaßt werden, der Nutzensbegriff darf nicht nur auf den Begriff des gesellschaftlichen Gebrauchswerts, sondern muß auf den Begriff des Gebrauchswerts auf gesellschaftlicher Potenz zurückgeführt werden. Nach Marx könne auf dieser Basis die Kommensurabilität (Äquivalenzprinzip) auch nichtsubstituierbarer Gebrauchswerte hergestellt werden. Bei der Bestimmung von Konsumtionsvarianten setzte sich der Redner dafür ein, daß auch die normative Methode Anwendung finden muß.

In Ergänzung zu den vorgelegten Thesen wurde ausgeführt, daß es zwei Arten von Nutzensfunktionen zu unterscheiden gelte: Konsumentenzielfunktionen und Wohlstandsfunktionen. Gegenwärtig könne man nur für die erstgenannten praktikable Ansätze entwickeln. Dazu müssen Informationen über das Verbrauchsverhalten aufbereitet werden. Der Gedanke der Berücksichtigung von Normen und restriktiven Vorgaben bei der Entwicklung von Nutzensfunktionen fand Unterstützung. Anschließend wurden Überlegungen zur weiteren Arbeit an diesem Forschungsschwerpunkt geäußert. Es ist vorgesehen, in einem ersten Schritt eine additive Konsumentenzielfunktion zu erarbeiten.

Daran anknüpfend wurde über Versuche berichtet, in Analogie zu dem Vorgehen in manchen Naturwissenschaften für bestimmte ökonomische Zusammenhänge beziehungsweise Prozesse, in denen die stochastische Komponente dominiert, spezifische statistische Verteilungsfunktionen zu konstruieren.

Der Grundgedanke besteht in folgendem: Gestützt auf die wesentlichen Aussagen der Informationstheorie, sind mit Hilfe statistischer Verteilungsfunktionen aus bestimmten "makroökonomischen" Daten beziehungsweise Merkmalen Aufschlüsse über "mikroökonomische" Abläufe zu ermitteln. Zur Demonstration der Leistungsfähigkeit dieser Methode wurden umfangreiche Beispielrechnungen vorgelegt, in denen die Zuordnung der Haushalte in der DDR zu den Einkommensgruppen (und damit zu bestimmten charakteristischen Typen des Verbraucherverhaltens) mit Hilfe einer 2-parametrigen statistischen Verteilungsfunktion durchgeführt wird. Die beiden Parameter dieser Verteilungsfunktion sind in diesem Beispielfall mit den makroökonomischen Merkmalen "Durchschnittseinkommen" und "Ungleichheitskoeffizient" zu identifizieren. Die Beispielrechnungen ergaben eine sehr gute Übereinstimmung mit den in der Staatlichen Zentralverwaltung für Statistik erarbeiteten Haushaltsstatistiken.

Kann also diese Methode in ökonomischen Zusammenhängen und Prozessen angewendet werden, so gelingt nach der Konstruktion der Verteilungsfunktion die Beschreibung des Verhaltens einer statistischen Gesamtheit ökonomischer (Mikro-)Objekte mit Hilfe zweier (gelegentlich auch dreier) "makroökonomischer" Parameter.

In der Diskussion wurde betont, daß ein großer Bedarf nach leistungsfähigen Methoden zur Aufschließung und Darstellung der jeweils interessierenden Informationen aus dem statistischen Datenmaterial besteht.

Die Thesen zum dritten Schwerpunkt, die aus Zeitgründen nicht erörtert werden konnten, stellen einen Ansatz zur Einbeziehung einiger nichtmaterieller Bereiche in die volkswirtschaftliche Verflechtungsbilanz und eine erste praktische Rechnung vor. Hierzu wurden unter anderem folgende Ausführungen gemacht:

Im Rahmen der von der Prognose und langfristigen Planung zu lösenden Aufgaben spielt die Erfassung und Berücksichtigung der Zusammenhänge und Wechselbeziehungen von materiellen und nichtmateriellen Produktions- und Reproduktionsprozessen eine wachsende Rolle. Das relativ hohe spezifische Gewicht der nichtmateriellen Bereiche im gesellschaftlichen Reproduktionsprozeß und die damit verbundene Vertiefung der Wechselbeziehungen zwischen den materiellen und nichtmateriellen Bereichen erfordern eine aufeinander abgestimmte Planung und Gestaltung der sich im volkswirtschaftlichen Reproduktionsprozeß vollziehenden materiellen und nichtmateriellen Prozesse. Das ist eine besonders dringliche Aufgabe für die langfristige Planung, da sowohl die Einflußnahme auf die Produktionsstruktur nur über einen längeren Zeitraum möglich ist als auch der Effekt der in einigen dieser Bereiche (Bildungswesen, Wissenschaft) getätigten Aufwendungen in der Regel erst nach Jahren in Erscheinung tritt.

Ausgehend von den Möglichkeiten, die die bislang entwickelten Modelltypen in sich bergen, und unter Berücksichtigung der genannten Spezifika der nichtproduzierenden Bereiche bietet sich die volkswirtschaftliche Verflechtungsbilanz als ein solches Instrument an. Die Methode besteht darin, die genannten nichtmateriellen Bereiche in das Schema der volkswirtschaftlichen Verflechtungsbilanz einzubeziehen, indem man jedem der betrachteten Bereiche eine Zeile und eine Spalte der Matrix des ersten Quadranten zuordnet. Unter Sicherung der Bilanzgleichheit wird das mathematische Modell sodann entwickelt. Daran anschließend wird die Methodik zur Bestimmung der Koeffizienten in den neu entstehenden Blöcken dargestellt und begründet. Dabei wird die Aussage getroffen, daß die Verbesserung der Methodik zur Koeffizientenbestimmung eine der Schwerpunktaufgaben der weiteren Arbeit ist.

In einem ersten Schritt wurde der theoretische Modellansatz getestet. Als Grundlage diente die Berichtsverflechtungsbilanz der DDR von 1969 nach 13 Erzeugnishauptgruppen. Sie wurde um die drei Bereiche "Bildung", "Gesundheits- und Sozialwesen" und "Kultur" auf 16 Bereiche erweitert. In verschiedenen Rechenvarianten wurden die genannten Bereiche sowohl einzeln als auch paarweise eingegliedert.

Die Arbeit durchlief bisher drei Etappen:

1. Es wurden die direkten Aufwandskoeffizienten ermittelt und analysiert. Es zeigte sich, daß sich die betrachteten nichtmateriellen Bereiche den 13 materiellen Zweigen gewichtsmäßig gut zuordnen lassen.

2. Durch Matrizeninversion wurden die Koeffizienten des vollen Aufwands bestimmt. Hierbei konnten bei den Koeffizienten der materiellen

Zweige deutliche absolute und relative Veränderungen registriert werden. Die materiellen Bereiche wurden in Gruppen eingeteilt, deren Aufwandskoeffizienten durch die Erweiterung "wesentlich", "weniger wesentlich" und "fast nicht" beeinflußt werden.

3. Die Matrizen der Koeffizienten des vollen Aufwands wurden für die verschiedenen Varianten mit den geplanten Endproduktvektoren von 1969, 1975 und 1980 multipliziert. Die so ermittelten Bruttoproduktvektoren wurden analysiert.

Das praktische Ziel der Erweiterung der Verflechtungsbilanz um diese drei Bereiche besteht:

- erstens, in der Verbesserung der Planung wesentlicher Teile der gesellschaftlichen Konsumtion; ihre Entwicklung kann direkter aus den Anforderungen der materiellen Produktion abgeleitet werden;

- zweitens, in der Verbesserung der Planung der Aufwendungen für die drei einbezogenen Bereiche; die künftigen Anforderungen an ihre Entwicklung werden ebenfalls direkt mit der Reproduktion der Zweige der materiellen Produktion in Verbindung gebracht.

In der Realisierung dieses Ziels sehen die Autoren einen notwendigen Schritt zur Erhöhung der Komplexität der Planung des gesellschaftlichen Reproduktionsprozesses. Allerdings kann die künftige Entwicklung der Konsumtion und der oben genannten drei Bereiche nicht nur aus den produktiven Anforderungen, sondern muß zugleich aus der notwendigen Entwicklung der sozialistischen Lebensweise insgesamt abgeleitet werden.

Bei der weiteren Arbeit mit der erweiterten Verflechtungsbilanz werden folgende Schritte gegangen:

- Aufstellung einer Reihe von erweiterten Verflechtungsbilanzen für einen längerfristigen Zeitraum;

- Trennung materieller und nichtmaterieller Prozesse in den produzierenden Zweigen. Bereinigung der Materialaufwandskoeffizientenmatrix von nichtmateriellen Aufwendungen innerhalb der materiellen Zweige;

- Vervollkommnung der Methodik der Aufteilung der nichtmateriellen Aufwendungen für die anderen Zweige (so beim Gesundheits- und Sozialwesen: Trennung der Aufwendungen in einen zweig(berufs-)abhängigen und in einen zweigunabhängigen Teil).

Als wichtige Ergebnisse und Erfahrungen für die weitere Arbeit ergeben sich aus der Diskussion:

1. Die zum Problemkreis Modellierung den Konferenzteilnehmern unterbreiteten Zwischenergebnisse der Arbeit wurden als wichtige Forschungsrichtungen beurteilt. Besonders wurden dabei das politökonomische Herangehen und die volkswirtschaftliche Betrachtungsweise hervorgehoben.

2. Von allen Teilnehmern wurde das Bemühen unterstützt, durch Intensivierung der Wissenschaftskooperation des Zentralinstituts für Wirtschaftswissenschaften mit zentralen staatlichen Planungsorganen und mit Hochschulen und Universitäten

- das Forschungspotential weiter zusammenzufassen, um bei gleichgelagerten und verwandten Themen Überschneidungen und Doppelarbeit zu vermeiden,
- die Praxiswirksamkeit der Grundlagenforschung weiter zu erhöhen und
- nicht vertretbare und ungesunde Diskrepanzen zwischen Vorlauf- und angewandter Forschung weiter abzubauen.

Anmerkungen

1 Karl Marx, Das Elend der Philosophie, in: MEW, Bd. 4, Berlin 1959, S. 93.

2 Friedrich Engels, Herrn Eugen Dührings Umwälzung der Wissenschaft ("Anti-Dühring"), in: MEW, Bd. 20, Berlin 1962, S. 288.

Wolfgang Heinrich

SCHLUSSWORT

Unsere Konferenz geht ihrem Ende entgegen. Ich finde sicher die Zustimmung der hier anwesenden Konferenzteilnehmer, wenn ich zunächst feststelle, daß die Konferenz ihr Ziel erreicht hat. Auch unter Berücksichtigung der uns zur Verfügung stehenden Zeit bestand das Ziel - und ich will es nochmals wiederholen - darin,

- die Ergebnisse der Forschungsarbeit, die das Institut in den zurückliegenden Jahren, vor allem seit dem VIII. Parteitag auf einer ihrer wichtigsten Forschungslinien erzielte, zur Diskussion zu stellen,
- den Erfahrungsaustausch mit Wissenschaftlern und Vertretern der Wirtschaftspraxis der DDR sowie ausländischen Genossen und Freunden, mit denen wir seit langem verbunden sind, weiter auszubauen,

und schließlich

- viele Anregungen für die weitere Forschungsarbeit zu einer der Schlüsselfragen der Gestaltung der Ökonomik der entwickelten sozialistischen Gesellschaft zu erhalten.

Es ist erfreulich, daß in einer ganzen Reihe von Thesen und Aussagen in dieser lebhaften und konstruktiven Diskussion Übereinstimmung erzielt und damit auch ein Zuwachs an gesicherten Erkenntnissen festzustellen ist. Es ist aber auch ganz natürlich, daß wir in nicht wenigen Problemstellungen mit den weißen Flecken im Theoriengebäude wie in der Analyse deutlich konfrontiert wurden, die in zielstrebiger Arbeit künftig ausgefüllt werden müssen. Offen gestanden - das war auch gewollt - nämlich den Verlauf und die Ergebnisse der Konferenz als eine wichtige Arbeitsetappe unseres Instituts aufzufassen, die wir bei der Erhöhung des theoretischen Niveaus und der gesellschaftlichen Wirksamkeit unserer Arbeit nutzen wollen. Deshalb gilt allen

Anwesenden, die zur Realisierung dieser Zielsetzung beigetragen haben, unser aller Dank.

Ich hoffe, daß am Rande der Konferenz auch bereits bestehende persönliche Kontakte weiter vertieft werden konnten, und vielleicht konnten dabei auch über weitere gemeinsame wissenschaftliche Projekte erste Gedanken ausgetauscht werden.

Im Verlauf der Konferenz fanden viele Teilnehmer, besonders die aus der Sowjetunion und anderen sozialistischen Bruderländern, herzliche Worte, die unserem Institutsjubiläum gewidmet waren, für die ich mich ebenso herzlich bedanken möchte.

In der Tat: im 25. Jahr ihres Bestehens tritt die historische Tragweite der Gründung der DDR deutlicher denn je hervor, die wir im Institut nicht zuletzt in unserer theoretischen Arbeit künftig noch bewußter nutzen müssen. Zu einer dieser grundlegenden historischen Lehren gehört: "Die Freundschaft mit der Sowjetunion bildet das Fundament für die allseitige kontinuierliche Entwicklung der DDR, für die Gewährleistung ihrer Unabhängigkeit als souveräner Staat, für die Sicherung der günstigsten äußeren Bedingungen für die Gestaltung der entwickelten sozialistischen Gesellschaft!"[1]

Geführt von der Arbeiterklasse und ihrer marxistisch-leninistischen Partei, wurden in der 25jährigen Entwicklung der DDR die allgemeingültigen Gesetzmäßigkeiten des Übergangs vom Kapitalismus zum Sozialismus auf die Bedingungen unseres Landes schöpferisch angewandt. Deshalb, und nur aus diesem Grunde, ist die Gründung und das Erstarken der DDR in die höhere Stufe des revolutionären Weltprozesses unmittelbar eingebettet. Dieser Dialektik von Nationalem und Internationalem liegt die zweite grundlegende historische Wahrheit zugrunde, die sich in der 25jährigen Entwicklung unserer DDR immer deutlicher abhebt: Existenz, wachsende Stärke und internationale Anziehungskraft der DDR sind ohne ihre feste Verankerung in den um die Sowjetunion gescharten Bruderbund der sozialistischen Staaten undenkbar.

Thesen, Referat und die Diskussion im Plenum wie in den Arbeitsgruppen berührten ein breites Spektrum theoretischer und praktischer Fragen. Sie spiegeln den erreichten Stand der Forschungsergebnisse wie das Bemühen der wirtschaftsleitenden Organe wider, immer besser die Prozesse der intensiv erweiterten Reproduktion zu beherrschen. In einer außerordentlichen Vielfalt kreuzten sich hierbei künftige Entwicklungsanforderungen mit gegenwärtig zu lösenden Problemen. Das ist kein Mangel, vielmehr eine Bereicherung, weil der Erfolg der Arbeit eines Akademie-Instituts wie des unsrigen maßgeblich von der Gestaltung enger Wechselbeziehungen zwischen ökonomischer Theorie, Wirtschaftspolitik und Wirtschaftspraxis abhängt. Daraus resultiert auch das wachsende gesellschaftliche Bedürfnis nach verstärkter ökonomischer Grundlagenforschung. Dies wurde in vielfältiger Weise auch in der Diskussion in den Konferenzgruppen sichtbar und von unseren in der Praxis Tätigen verstärkt gefordert. Damit wird erneut bestätigt, daß wissenschaftliche Grundlagen für die Lösung praktischer Aufgaben der Wirtschaftsleitung nur durch tiefreichende theoretische Forschungen zu gewährleisten sind, hauptsächlich wenn es sich um Nahtstellen des Übergangs von einer Entwicklungsetappe zur nächsthöheren handelt. Besonders dann werden an sie als Grundlagenwissenschaft hohe gesellschaftliche Ansprüche gestellt, die Kriterien der Ökonomik dieser und jener Entwicklungsphase und ihrer Wechselwirkungen zu den Produktionsmitteln zu erforschen als Vorbedingung für die Klärung jener Aufgaben, die die wirtschaftliche Praxis stellt.

Wir finden unsere Erfahrungen auch in der in der Sowjetunion zur Zeit geführten Diskussion bestätigt, wonach eine einseitige Auslegung des Begriffs Grundlagenforschung, hinter der sich mitunter eine von den gesellschaftlich relevanten Entwicklungsaufgaben isolierte Arbeit verbirgt und die sich ausschließlich deduktiver Forschungsmethoden bedient, nicht der wachsenden Rolle der marxistisch-leninistischen Wirtschaftswissenschaft, besonders der politischen Ökonomie, gerecht wird. Hier wird die ökonomische Grundlagenforschung neben die Wechselbeziehungen zwischen ökonomischer Theorie, Wirtschaftspolitik und Praxis gestellt. Die Erfahrungen unseres Instituts bestätigen aber auch die Nützlichkeit der Hinwendung zur konkreten ökonomischen Analyse volkswirtschaftlicher Zusammenhänge. Aber auch die Beschreibung und Interpretation bisweilen temporärer Entscheidungen, selbst wenn sie noch so auf Ergebnissen fleißiger analytischer Arbeit beruhen, werden den gesellschaftlichen Funktionen der marxistisch-leninistischen Wirtschaftswissenschaft dann nicht gerecht, wenn sie nicht zum Wesen der Entscheidung, ihres wechselseitigen und notwendigen Zusammenhangs und ihrer Wiederholbarkeit vordringen. Das Institut wird, aus diesen engen Wahlbeziehungen von ökonomischer Theorie, Wirtschaftspolitik und Wirtschaftspraxis resultierend, die theoretisch-methodologische Arbeit weiter verstärken sowie auch die analytische Arbeit, ausgerichtet auf die fundamentalen Entwicklungserfordernisse der entwickelten sozialistischen Gesellschaft, vertiefen.

Diese Orientierung soll das Ziel verfolgen, einen breiten Fächer von Ergebnisformen abzudecken, die den Entwicklungsbedürfnissen der politischen Ökonomie des Sozialismus selbst, der Leitung, Planung und Stimulierung wie auch den wachsenden Bedürfnissen nach ökonomischer Bildung der Werktätigen im eigenen Land, wie den Erfordernissen des ideologischen Klassenkampfes Rechnung tragen.

Auch aus der Sicht unserer Arbeit hat sich die Arbeit des Wissenschaftlichen Rates für wirtschaftswissenschaftliche Forschung bewährt. Es wurden solide, die wissenschaftliche Arbeit befruchtende Formen der Leitung, Planung und Koordinierung der Forschung geschaffen. In diesen Fonds hat das Akademie-Institut einen wachsenden Beitrag einzubringen. Aus diesem Grunde sind wir sehr zufrieden mit der hohen Beteiligung von Vertretern der staatlichen und wirtschaftsleitenden Organe und wissenschaftlichen Instituten. Besonders freuen wir uns auch darüber, daß viele Vertreter von Institutionen unter uns weilen, mit denen wir bereits längere Zeit zusammenarbeiten. Hierzu zähle ich die Staatliche Plankommission, das Ministerium für Wissenschaft und Technik, die Staatliche Zentralverwaltung für Statistik und nicht zuletzt Wissenschaftler von Universitäten und Hochschulen. Ihnen gebührt der Dank für die rege Mitarbeit, die wir auch als Absicht werten dürfen, mit uns noch enger und effektiver zusammenzuarbeiten.

Ein wenig unterrepräsentiert - das darf ich an die eigene Adresse gerichtet sagen - war die Beteiligung von Praxisvertretern aus Kombinaten und Betrieben. Hier bedarf es in der künftigen Arbeit der weiteren Ergänzung in unseren Praxisbeziehungen. Auf der Konferenz wurde vielfach und von den verschiedensten Aspekten her gesehen bestätigt, daß es notwendig ist, nicht nur der jeweiligen Spezifik der verschiedenen Leitungsebenen besser zu entsprechen. Auch die Vervollkommnung des Instrumentariums zum Beispiel bei der Bewertung des wissenschaftlich-technischen Fortschritts, der Analyse und Planung der Faktoren der Produktivität und Effektivität verlangen unmittelbare und vor allem feste Beziehungen zur betrieblichen Praxis. Ich will nicht verhehlen, und die Vertreter zentraler staatlicher und wirtschaftsleitender Organe verstehen mich richtig, daß bei dauerhaften Beziehungen zur betrieblichen Praxis für uns Angehörige des Instituts auch das Augenmaß für das in naher Zukunft Machbare weiter geschärft wird. Und dies ist ein durchaus für die Ergebnisse unserer Arbeit günstiger Effekt, den wir vollständig nutzen müssen.

Angesichts der Vielfalt der aufgeworfenen Probleme ist es mir nicht möglich, auf alle Probleme in den Schlußbemerkungen einzugehen. Ich will mich deshalb auf wenige theoretische und methodologische Probleme beschränken, die sich auf den Zusammenhang zwischen den Kriterien der entwickelten sozialistischen Gesellschaft und den Erfordernissen der intensiv erweiterten Reproduktion beziehen.

Mit dem VIII. Parteitag der SED ist die DDR in eine neue Etappe ihrer Entwicklung eingetreten, in der die Werktätigen die entwickelte sozialistische Gesellschaft gestalten und die Vorzüge der sozialistischen Gesellschaftsordnung immer wirkungsvoller ausprägen. Die der Hauptaufgabe zugrunde liegende Ziel-Mittel-Dialektik ist ein bestimmender Wesenszug der entwickelten sozialistischen Gesellschaft, die auf lange Sicht den weiteren Entwicklungsweg vorzeichnet. Es ist erfreulich, daß im Verlauf der Konferenz dieser Gedanke immer wieder Ausgangspunkt und Grundtenor aller Debatten war. Es wurde das Anliegen klarer herausgearbeitet: die sozialistische Intensivierung der Volkswirtschaft ist dem Wesen nach ein sozialökonomischer Vorgang. In die Intensivierung der ökonomischen Reproduktion ist die Intensivierung ihrer Beziehungen zur Sozialstruktur der sich entwickelnden sozialistischen Gesellschaft, zu wichtigen politisch-ideologischen, geistig-kulturellen Elementen des Überbaus und vor allem zur Struktur und Formierung der gesellschaftlichen Produktivkräfte eingeschlossen. Jede enge Auffassung und Auslegung der Intensivierung, sie etwa nur als eine Reproduktion stofflich-materieller Prozesse und nicht zugleich als Reproduktion sozialistischer Produktionsverhältnisse aufzufassen, birgt die Gefahr in sich, die Wende in der Wirtschaftspolitik zu intensiven Methoden der Wirtschaftsführung von den objektiven gesellschaftlichen Erfordernissen der entwickelten sozialistischen Gesellschaft zu lösen und sie als eine zeitweilige wirtschaftspolitische Variante zu qualifizieren. In Wirklichkeit ist der intensive Reproduktionstyp als ein Wesenselement der Ökonomik der entwickelten sozialistischen Gesellschaft anzusehen. Der Übergang zum intensiven Reproduktionstyp ist ein historisch objektiver Vorgang, der sich nicht nur aus ökonomischen Entwicklungserfordernissen allein, sondern aus den Entwicklungserfordernissen aller Strukturelemente der entwickelten sozialistischen Gesellschaft ergibt. Nur fest eingebettet in die gesamten gesellschaftlichen Bedingungen, worin natürlich die im Bereich der Produktionsverhältnisse und der Produktivkräfte sich vollziehenden Bedingungen die ausschlaggebende Rolle spielen, ist es möglich, den gesetzmäßigen Charakter der intensiv erweiterten Reproduktion zu erfassen und zu begründen, die Kriterien und Faktoren ebenso in ihrer sozialökonomischen Determiniertheit wie in ihrer Komplexität herauszuarbeiten. Dabei müssen wir natürlich - und auch dies ist ein wichtiges Ergebnis der Konferenz - deutlicher den Dreh- und Angelpunkt, das Grundanliegen der Intensivierung herausarbeiten, nämlich die Erhöhung der Effektivität der gesellschaftlichen Produktion mit ihrem Kernstück, der gesellschaftlichen Arbeitsproduktivität. Sie ist und bleibt die wichtigste Grundlage für die Erhöhung des Mehrprodukts und für mehr disponible Zeit. Gewiß werden von den nichtmateriellen Bereichen immer stärkere Impulse auf die Effektivität und Produktivität ausstrahlen. Elemente der Zielrealisierung werden zugleich auch zu Produktivitäts- und Effektivitätsfaktoren.

Wenn aber in der theoretischen Arbeit Übertreibungen zugelassen werden, kann unter Umständen der richtige Gedanke sich in sein Gegenteil verkehren, das heißt die Effektivität aus der Sphäre der Ökonomik herausgelöst, oder gar die ökonomische Effektivität ihrem ökonomischen Wesen nach dem Ziel der sozialistischen Produktion gegenübergestellt werden. Solche, sicher ungewollten, Übertreibungen unterlaufen uns manchmal, wie unser Wissen über die vorhandenen Ressourcen noch nicht immer von einer realistischen Einschätzung ausgeht. Außerdem brauchen wir mehr Klarheit über die Eigenart der Wechselbeziehungen des Typs der intensiv erweiterten Reproduktion zum Typ der extensiven Reproduktion in der entwickelten sozialistischen Gesellschaft. Bei der Diskussion in den Arbeitsgruppen spielten diese Fragen mit Recht eine große Rolle.

Für die politökonomische Arbeit ist diese theoretische wie methodologische Frage noch von einem anderen Aspekt her gesehen bedeutsam. Sie steht in direkter Beziehung zu der grundlegenden Aufgabe der politischen Ökonomie des Sozialismus, die Kategorien und Gesetze des Sozialismus weiter auszuarbeiten.

Mitunter gewinnt man im Zusammenhang mit theoretischen Aussagen über die intensiv erweiterte Reproduktion in der entwickelten sozialistischen Gesellschaft den Eindruck, als würde sich die entwickelte sozialistische Gesellschaft durch ihr eigenes System von Kategorien und Gesetzen, verglichen zu den zurückliegenden Entwicklungsabschnitten des sozialistischen Aufbaus, auszeichnen. Wendet man aber streng den marxistisch-leninistischen Grundsatz des historischen Vorgehens an, so muß man doch sagen, daß nach Abschluß der Übergangsperiode der sozialistische Typ der Produktionsverhältnisse sich vollständig herausgebildet hat und sich nunmehr uneingeschränkt in seinen Vorzügen und eignem Wesen durchzusetzen beginnt. Diesem historischen Typ von Produktionsverhältnissen entspricht das ihm eigene historisch und logisch gegliederte System der Kategorien und Gesetze in allen Etappen des Sozialismus. Damit wird keinesfalls das Neue negiert, das die entwickelte sozialistische Gesellschaft von allen anderen Etappen des sozialistischen Aufbaus auszeichnet. Das Neue besteht darin, daß die Kategorien und ökonomischen Gesetze des Sozialismus in dieser Entwicklungsphase des Sozialismus deutlicher hervortreten, effektiver wirken und auch in neuen Funktionen auftreten, wovon vor allem die Wirkungsbedingungen, der Wirkungsbereich und die Wirkungsintensität und, aus der Objekt-Subjekt-Dialektik resultierend, die Wirkungsformen der ökonomischen Gesetze betroffen sind. Eben weil mit der entwickelten sozialistischen Gesellschaft jene Phase des Sozialismus erreicht wird, in der die dem Sozialismus eigenen Vorzüge und Qualitäten sich am vollständigsten ausprägen, muß die weitere Ausarbeitung der Kategorien und Gesetze des Sozialismus mit der Ausarbeitung seines prinzipiell anders gearteten Wesens und seiner grundlegenden Unterschiede zum Kapitalismus verbunden werden. Es gilt, die auf dem XXIV. Parteitag der KPdSU, dem VIII. Parteitag der SED sowie auf den Parteitagen anderer Bruderparteien gestellte Aufgabe, die Errungenschaften der wissenschaftlich-technischen Revolution mit den Vorzügen des sozialistischen Wirtschaftssystems, mit der Entwicklung neuer, dem Sozialismus eigener Formen der Vereinigung von Wissenschaft und Produktion zu verbinden. Diese Aufgabe hat meines Erachtens für die politökonomische Forschung prinzipielle Bedeutung. Ausgehend von der Dialektik von Produktionsverhältnissen und Produktivkräften und der Funktion der sozialistischen Produktionsverhältnisse, als Entwicklungsform für die uneingeschränkte Entwicklung der Produktivkräfte zu fungieren, geht es doch darum, neue, dem Kapitalismus unbekannte Formen der Wirtschaftstätigkeit zu entwickeln, die zum wichtigsten Bereich der Entfaltung der wissenschaftlich-technischen Revolution im Sozialismus werden müssen.

Diese Forderung ist also nicht nur auf die Verbindung von Produktion und Wissenschaft, das heißt auch nicht nur auf den Intensivierungsfaktor der Beschleunigung des wissenschaftlich-technischen Fortschritts gerichtet, obwohl er in zunehmendem Maße den Hauptteil des Zuwachses der gesellschaftlichen Arbeitsproduktivität in Verbindung mit anderen Faktoren realisiert.

Diese Forderung enthält zudem einen wichtigen methodologischen Aspekt, nämlich alle Formen der sozialistischen Wirtschaftstätigkeit, unter anderem die intensiv erweiterte sozialistische Reproduktion, die Leitung, Planung und Stimulierung fest mit den ökonomischen Grundlagen des Sozialismus zu verknüpfen, das heißt mit dem Volkseigentum, dem Ziel der gesellschaftlichen Produktion, der Planmäßigkeit, der Verbindung von materiellen und moralischen Stimuli entsprechend der Arbeitsleistung, dem kollektiven Charakter der Arbeit, dem wachsenden Vergesellschaftungsgrad der Produktion und der Arbeit sowie der ihm entsprechenden Form der sozialistischen Organisation der Arbeit einschließlich ihrer wachsenden Internationalisierung, dem sozialistischen Wettbewerb und anderen Formen der sozialen Aktivität der Werktätigen. Auf diesem Wege werden wir das System der ökonomischen Kategorien und Gesetze des Sozialismus weiter entwickeln und einen Beitrag leisten können für die Vervollkommnung der wissenschaftlichen Grundlagen der Leitung, Planung und Stimulierung. Mit Recht haben auch diese Fragen im Mittelpunkt der Diskussion gestanden, und es zeigt sich, daß ungeachtet verschiedener Besonderheiten in den einzelnen Ländern der sozialistischen Staatengemeinschaft - mit Abstand betrachtet - die gleichen Grundfragen in allen sozialistischen Ländern im Mittelpunkt wirtschaftswissenschaftlicher Forschungen stehen.

Von allen Leitern der Konferenzgruppen wurde übereinstimmend berichtet, daß unsere ausländischen Freunde in der Diskussion erneut ihre Bereitschaft und den Willen zu einer noch engeren und effektiveren Zusammenarbeit zum Ausdruck brachten. Hier stimmen wir völlig überein und unterstreichen auch den Wunsch, zur höheren Form der Forschungskooperation in ausgewählten Fragen überzugehen. Hier lassen wir uns nicht von Rationalitätserwägungen, sondern vor allem von der Ansicht leiten, daß die sozialistischen Produktionsverhältnisse ihrem Wesen nach internationalistisch sind und deshalb die politische Ökonomie des Sozialismus, die die sozialistischen Produktionsverhältnisse zum Gegenstand hat, auch der Dialektik des Nationalen und Internationalen Rechnung tragen muß. In der Zusammenarbeit mit unseren sowjetischen Freunden hat sich bewährt, bereits in der Planungsphase wichtige wissenschaftliche Projekte auf lange Sicht hin abzustimmen, was wir auch für den nächsten Planzeitraum tun wollen. Neben den bilateralen Formen beginnen sich auch multilaterale Formen der Zusammenarbeit zu entwickeln, die ein regelmäßiges wissenschaftliches Leben im internationalen Maßstab fördern werden. Die internationale Forschungskooperation ist für folgenden Aufgabenkomplex von großem Wert.

Wir müssen unsere Forschungsarbeit des Instituts auf dem Gebiet der intensiv erweiterten Reproduktion ganz bewußt und auf lange Sicht auch dazu nutzen, einen Beitrag zu den Kriterien der Ökonomik der entwickelten sozialistischen Gesellschaft zu leisten. Man darf dabei diese Kriterien nicht mit den Kategorien und Gesetzen des Sozialismus identifizieren, obwohl sie miteinander sehr eng zusammenhängen. Die Frage nach den Kriterien der Ökonomik der entwickelten sozialistischen Gesellschaft ist die Frage nach den ihr eigenen Bedingungen der Produktion und Reproduktion, das heißt der spezifischen Züge der Produktionsverhältnisse und der Produktivkräfte, wie sie sich gegenüber zurückliegenden Etappen des sozialistischen Aufbaus abheben. Dies schließt die theoretische wie vor allem konkrete ökonomische Analyse der Faktoren im eigenen Lande sowie der internationalen Faktoren der ökonomischen Entwicklung auf der Grundlage der sozialistischen ökonomischen Integration ein. Noch nicht in jedem Fall haben wir dazu die Möglichkeit der konkreten ökonomischen Analyse ausgeschöpft und die potenzierende Wirkung in gleicher Richtung wirkender Faktoren beziehungsweise die Entwicklungstrends gegenläufig wirkender Faktoren sichtbar gemacht. Das betrifft die Veränderung der Volkswirtschaftsstruktur, die inneren Abhängigkeiten innerhalb der einzelnen Zweige der materiellen Bereiche wie ihrer Wechselbeziehungen zu den nichtmateriellen Bereichen, die sich daraus ergebenden Konsequenzen für einige volkswirtschaftliche Grundproportionen unter der Berücksichtigung des wachsenden Einflusses der sozialistischen ökonomischen Integration. Beziehen wir in diese Betrachtung noch die von der Bedürfnisentwicklung und der Beschleunigung des wissenschaftlich-technischen Fortschritts ausgehende Dynamik ein, so sind viele kausale und funktionale Beziehungen und Abhängigkeiten in qualitativer und quantitativer Hinsicht noch relativ unbekannt, die es aber zu ergründen gilt, um zu fundierteren Aussagen über die Kriterien der Ökonomik der entwickelten sozialistischen Gesellschaft zu gelangen.

Nicht zuletzt ist auch davon das erfolgreiche Bemühen um die ökonomisch-mathematische Modellierung volkswirtschaftlicher Prozesse mit einer hohen Aggregatstufe abhängig. Wir ließen uns von dem bewährten methodischen Grundsatz von der Einheit der qualitativen und quantitativen Analyse leiten, als wir uns dafür entschieden, diese Problematik, mit der sich eine Forschungsgruppe unseres Instituts beschäftigt, in einer eigenen Konferenzgruppe zu behandeln.

Aber alles das soeben Ausgeführte bezieht sich auf die Unterschiede, die zwischen der gegenwärtigen ökonomischen Entwicklungsetappe in der DDR und der ihr vorausgegangenen Entwicklungsetappe aufgetreten sind. Wir in der DDR sind mit der Gestaltung der Ökonomik der entwickelten sozialistischen Gesellschaft beschäftigt. Auf dieser Stufe der Entwicklung können aber naturgemäß noch nicht alle Möglichkeiten, die der entwickelten sozialistischen Gesellschaft eigen sind, voll zur Geltung gelangen. Die Ausarbeitung der Kriterien der Ökonomik der entwickelten sozialistischen Gesellschaft bedeutet daher nicht nur, die Unterschiede zwischen der gegenwärtigen und der vergangenen Etappe der ökonomischen Entwicklung aufzudecken, sie schließt daher auch die gesetzmäßige Vorwärtsbewegung der entwickelten sozialistischen Gesellschaft ein, die selbst einen längeren Zeitraum umfassen wird und in der die materiell-technischen Voraussetzungen für die höhere Phase der kommunistischen Formation geschaffen werden. Diese Arbeit fällt mit der Ausarbeitung der objektiven Grundlagen für die wissenschaftliche Prognose der Entwicklung der Produktionsverhältnisse und der Produktivkräfte zusammen. Aus diesem Grunde wird das Institut im Rahmen seiner langfristigen Planaufgaben auf ausgewählten Gebieten in der prognostischen Arbeit sowie bei der Mitwirkung an der langfristigen Planungsarbeit wirksam werden. Dabei wollen wir noch bewußter die günstigen Bedingungen, die uns an der Akademie bei der interdisziplinären Arbeit mit den Naturwissenschaften gegeben sind, ebenso nutzen wie die Gemeinschaftsarbeit mit dem im Rat für die wirtschaftswissenschaftliche Forschung vereinigten Forschungspotential.

Mit dem Ausblick auf die künftige Arbeit des Instituts, wozu die Konferenz viele Anregungen gab, verbunden mit den besten Wünschen für eine erfolgreiche Arbeit und nicht zuletzt mit einem herzlichen Dank an die vor und hinter den Konferenzkulissen fleißig tätigen Organisatoren schließe ich die Konferenz.

Anmerkungen

1 Nationalrat der Nationalen Front der DDR, 25 Jahre DDR - ein Vierteljahrhundert Kampf für Frieden, Demokratie und Sozialismus, Berlin 1974, S. 29.

Erschienene Forschungsberichte

Heft 1
W. Keller/E. Kigyóssy-Schmidt
Hauptkennziffern
der wirtschaftlichen Entwicklung
der europäischen RGW-Länder
1960—1975

Heft 2
Autorenkollektiv
Zur Modellierung
des volkswirtschaftlichen
Reproduktionsprozesses

Heft 3
Autorenkollektiv
Probleme der Proportionalität
zwischen gesellschaftlichem
Arbeitsvermögen und Arbeitsplätzen

Heft 4
Autorenkollektiv
Ungarische Modelle
der langfristigen Planung

Heft 5
Autorenkollektiv
Zur Reproduktion
des Qualifikationsniveaus der
Werktätigen

Heft 6
Autorenkollektiv
Probleme der Intensivierung
des gesellschaftlichen
Reproduktionsprozesses

Heft 7
A. P. Butenko
Zur Dialektik
von Einheit und Interessen
im sozialistischen Weltsystem

Heft 8
Autorenkollektiv
Reproduktion
der natürlichen Umweltbedingungen

Heft 9
U. Ludwig
Aufwand — Nutzen — Analysen
in Forschung und Entwicklung

Heft 10
G. Knobloch
Bedürfnisbefriedigung —
Produktionsstruktur —
Grundproportionen

Heft 11
Autorenkollektiv
Zur Entwicklung der Verteilungsstruktur der Investitionen auf die Bereiche und Zweige der Volkswirtschaft

Heft 12
H.-D. Anders/H. Schilar
K. Schwarz
Zum Bewertungsproblem
im Sozialismus

Nr. 13
Autorenkollektiv
Zur Kritik gegenwärtiger bürgerlicher sozial-ökonomischer Theorien (Konferenzmaterial)

Heft 15
Wachstum — Effektivität —Intensivierung
(Konferenzmaterial)

Nr. 16
Autorenkollektiv
Intensiv erweiterte Reproduktion
und Sozialismus

1975 erscheinen

Kolibri 360 GmbH
Ferdinand-Jühlke-Straße 7
99095 Erfurt, Deutschland
produktsicherheit@kolibri360.de